JN408913

황매산 연가

__________________님께 드립니다.

황매산 연가

황산 손영채 시집

도서출판 천우

시/인/의/말

건축 · 도시공학 전문가로서 경영을 해오면서 한편으로는 봄 꽃향기 맡으며 긴 여름 장마철 내리쬐는 뜨거운 햇살, 파란 가을 하늘, 차갑게 시린 겨울 아래 아랑곳하지 않고 환경활동가로서 몸소 자연 · 역사 · 문화체험을 하며 끊임없이 자연을 거닐면서 꿈과 추억을 만들었습니다.

오랜 세월 동안 기후 변화에 따른 에너지 절약과 녹색환경실천운동을 통해 지속 가능한 지구촌 환경 살리기 운동에 앞장서 오면서 환경활동가로서 남해안, 동해안, 서해안, 4대강 지류 등, 환경오염 생태계 복원 및 깨끗한 자연환경 유지를 위해 개선 방안 및 연구 활동 등 NGO들과 공유하고, 대자연의 체험을 통하여 느낀 점을 한 편 한 편 모은 이야기들이 세상 밖으로 나올 수 있었습니다.

영혼의 꽃봉오리를 맺기 위해 고군분투하면서 어둡고 긴 터널을 묵묵히 달려 재도약해야겠다는 다짐을 하게 되어 첫 시집 출간에 정성을 다 쏟았습니다.

아직 이루지 못한 꿈이 많습니다. 지속가능한 도시균형발전을 위해 연구, 계획하면서 자연과 더불어 틈틈이 글을 쓰고 낮은 곳에서 조용히 배움의 길을 걷고 정진하며 가치 있는 삶을 살기 위해서 꾸준히 노력하면서 시인다운 선비의 길을 이어가고 싶습니다. 대자연의 생태계 복원 및 문학세계를 잇는 긴 가교역할을 하는 것이 제 인생 후반기의 꿈입니다.

사계절 철마다 꽃 피우기 위해 묵향에 젖고 글을 쓰면서 가치 있는 삶을 살기 위해 인의예지신(仁義禮智信) 오상(五常)을 갖추고 열정으로 미래지향적

인 꿈을 실현시키고 성실한 자세로 인내하면서 오늘보다 내일 더 나은 삶을 위해 글을 쓰면서 수렴할 것입니다.

그동안 지은 시들이 내 친구이자 동반자입니다. 세상의 모든 사람들과 공유하고자 시집을 출간하게 되었습니다. 봄꽃은 화려하다지만 여름꽃은 푸르름이 가득해 수수합니다. 자연에 순응하며 수수하게 꽃피워 풍류가인으로 살았으면 합니다.

'삽화' 지원을 아끼지 않으신 서예가 가람 신동엽 선생님께 감사드립니다. (사)세계문인협회 김천우 이사장님, 부족한 점이 많은 저를 위해 '해설'을 써 주셔서 영원히 지우개로 지워지지 않는 글을 남겨주신 고매한 나의 하늘비 김천우 이사장님께 고마움을 전합니다. '축하의 글' 이만의 제13대 환경부장관님,

서울보건대학교 문희주 총장님, 한양대학교 도시대학원 이명훈 원장님, 해양수산부 윤학배 차관님, 경희대학교 약학대학 류종훈 학장님, 너무나도 감사하며 살아가면서 빚을 갚을 것입니다. 머리 숙여 감사의 인사를 드립니다.

끝으로 사랑하는 나의 가족, 금성산 중턱 장단 선영에 고이 잠드신 아버지 어머님께 바칩니다.

2022년 9월 서초 방배골에서

황산 손영채

제1부

꽃동산

제2부

고향의 사계절

제3부

바람과 구름

제4부

잠 못 드는 밤

제5부

자연이 나를 부르네

제**1**부

별의 무덤

황매산 철쭉 | 35×35㎝ | 伽藍 신동엽 作

아버지

금성산 끝자락 한옥 고택
향나무 아래
콩 수확에 맷돌 간다
아버지 얼굴 환한 웃음
손등에 내려앉은 햇살
뱅글뱅글 따라 돌고

막걸리 한 잔 기울이며
익어가는 노을 속 얼굴
주름살마다 삶의 깊은 계곡
두부 한 입 베어 먹으면
입가에 콩 꽃 만개하였지요

텅 빈 집 들어서면
옹기종기 모여 살던
숨결 온 몸 스며들어요
콩밭에 잎새들 다 자랐건만
다시는 돌아보려 오시지 않는 울 아버지
그 그리운 가슴마다
속눈썹 이슬 속 머물고 있습니다

황매산(黃梅山)

어린 시절 형들과
풀 베고
소 풀 먹이던 유년의 추억
황매산 철쭉 평전
초로의 나이 깊이 파고든다

긴 세월 능선마다 형형색색
철쭉 만개하여
알록달록 분홍빛 수놓았다

산천 물들이는 너, 꽃이여
능선 골짜기마다 벌 나비
철쭉꽃 속 남녀노소
시끌벅적 소리 내며
꽃과 함께 춤춘다

어젯밤 내린 이슬비
촉촉이 젖은 꽃잎
산들바람 살랑살랑

황매산 산들바람 봉우리마다
활짝 웃는
향기에 흠뻑 젖고
우리의 인생 무릉도원이었음
좋겠네

막걸리

잔잔하게 젖어드는 연주소리
바삭한 파전 향 어우러져
입안에 퍼지는 달콤함
막걸리 한 사발에 분위기 취하네

서산 노을 지고
막걸리 향기 절절하게 취기 오르니
들뜬 가슴 샘솟아 하늘 가로지르네

산새들 지지배배 짝 맞추어 덩실덩실
그리운 마음 가슴에 묻고
빛바랜 청춘 담아 회자해 보련다

그리운 고향

고향은 아득한 추억이 묻어 있으니
그 얼마나 그리운 이름인가

선조들 수려한 영혼 뿌리 깊은 선산
하늘과 땅 자연
고유의 형형색색 사계절 아름다운
천지 빛깔 모여드는 내 고향

청정, 맑은 물 자연의 풍광
교감할 수 있는 삼산골이여
교통량 증가, 산업시설, 환경 문제 발목 잡으니
황폐한 도시 떠나 일탈하노라

오색 빛 물든 산과 들
사방에 꽃물 들이는 정든 고향
황강 마실 길 따라 굽어돌아가니
흙내음 듬뿍 느끼며 천년만년 살고 싶다

두물머리

겨울 문턱으로 들어선 바람의 노래
오색 물들인 나뭇잎들
바람 따라 바스락 바스락 뒹굴고 있네

길 옆 가로수
울긋불긋 고운 옷 벗어버리고
앙상하게 남아 있는 가지 사이
한 잎 매달려 하느작하느작 몸부림치다

남한강 북한강 물줄기
은빛 물결 따라 반사하면서
두 마음 두 갈래로 번진다

강물 따라 하염없이
모퉁이 돌아서보니
저 멀리 바라보이는 산마을마다
무채색 옷 입고 유혹하는 듯

산 숲 능선 따라 서로서로 얼싸안고
은밀한 사랑 달구어가는
강 건너 등불처럼
사무친 그리움에 젖어 울고 있구나

정자 느티나무

높고 파란 천고마비의 계절
느티나무 그늘 아래 누워 하늘 바라보니
세상사 내 품 안에 들어와
불 지펴 놓은 것 같네

서늘한 그늘 황금들판 풍월소리
참새 떼 날아들고 들녘 허수아비
흔들흔들 춤추고 노래하네

볏단 모아 큰집동 시골마을
옹기종기 한데 모여 움막집 같구나

수상한 세월의 뒤안길 굽어 돌아
까치들 둥지 트는 평화동산

눈보라 휘몰아쳐도
북풍한설 시린 겨울
까치집 언제나 변함없이
옛터전을 지킨다

검룡소(儉龍沼)

백두대간 중심 허리
태백산 금대봉 계곡의 지류 따라
샘솟는 한 민족 신비스러운 생명수
한강의 젖줄 시작점

시원한 바람맞으며
구불구불 울창한 숲 길 따라가면
깊은 계곡 황벽나무
청설모 노래 부르며 반겨주네

한여름 청아하고 맑은 계곡
사방으로 품에 안고 있으니
고요하고 온화한 옹달샘

진초록 바위 이끼 사이
하얀 물거품 뿜어내는 자연의 정취
한 폭 그림 같은 검룡소
천혜의 선물 신비에 넋 잃고
취한 듯 머물다 오던 발길 되돌린다

쑥버무리

봄의 전령사 쑥내음
이른 봄소식 전하네

생명력 강한 신비의 약초
산과 들 초록초록 옹알이하며
지천에 구석구석 널려있다

봄이면 아버지 소 몰고
다랑이 밭 쟁기질
어머니 밭두렁 소쿠리 가득 쑥 향기
절구통 불린 쌀 버무리니
무쇠가마솥 구수한 고향 내음
달콤한 대추 채우고
아궁이 장작불 활활 타는 소리
가마솥 모락모락 연기 피어오르니
천상의 연주 따로 없다

쑥 향 솔솔 집안 가득 메우고
우리 집 밥상 쑥 천지 되어
쑥버무리 오물오물 봄 기운 먹고 있네

메밀 꽃밭

하늘길 멀고먼 남녘 산 마을
문학 100리 길 따라
물어물어 찾아 나선 낭만 시인

문학관 찾아 도착하니
붉은 연분홍꽃 황화 코스모스
미소 지으며 꽃등 들고 반겨준다

골짜기 따라 푸른 숲
메밀꽃 향기 그윽한 풀내음
벌사위 입맞춤하는 시절 좋은 날

초록 수양버드나무
살랑살랑 춤추며 유혹하니
함박눈 내려 순백의 꽃 세상 아우르듯
메밀꽃 포송포송 피었네

메밀밭 한복판 볏짚 원두막
노랑 앵무새 조형물 파수꾼
방랑객 더위 말리는
감성 바다 메밀꽃 달빛 풍경

세속 때 묻은 신발 벗어던지고
사랑채에서 마시는 메밀차
온몸 품어 가슴 적신다

별 I

청강사 저녁 예불
타종 소리
땅거미 짙게 내리는 밤

어두운 하늘
별빛
처마 끝에 머물고

작은 아이 하나
어둠을 안고
별 바라기 한다

허공에 달린 꿈 찾아
기도하는 두 손
초롱처럼 걸려 있다

별 Ⅱ

개구리 울고
풀벌레 쓸쓸하면
땅거미 짙어진다

쟁기 진 아버지 들길
유년의 소년 소 몰고
강아지 종종걸음 바둑이
앞세워 집으로 가네

어둠 내린 하늘
별 하나, 둘 반짝반짝
툇마루 앉은 동생
울고 웃는 동생 얼굴

미소 짓거들랑
노래 부르고
슬픔에 젖어들면
하늘 보아라

티 없이 맑은 눈 속
유난히 빛나는 별무리
너의 이상 듬뿍 심어주려무나

꽃동산(인생길)

추억의 발자취 쳇바퀴처럼
아스라한 꿈 그리며 살아왔네

미성숙한 생각의 귀로 헤매던 수수께끼 같은 길
디딤돌 되고자 헤매던 시절
고뇌하고 망상으로 지쳤던 삶의 뒤안길
긴 동굴 같은 운명의 굴레 살아왔네

어여 가자 다시 소생하여
꽃동산 순례길 따라
쏠쏠한 바람 맞으며
추풍낙엽 그림자 밟으며
자연에 순응하며 하늘이 시키는 대로 살고 싶네

호숫가 정자 만들어
벗들과 옹기종기 모여 세상이야기 도란도란
글 쓰며 두부김치 막걸리 한 사발 풍류인생
잔잔한 호수같이 물 흐르는 순리에
후회 없이 갈무리하고 싶어라

꽃나무 두 그루

우리 집 집 뜰 사랑나무
두 그루 심었던 날
온 가족 모두 함박웃음으로 맞이했다

연약한 몸체
영양거름 채워주면서
정성과 사랑으로 키우다보니
긴 세월 흘러
성긴 마음 우려내어
아름다운 꽃 피웠구나

건강한 나무 한 그루
푸르고 싱싱하게 잘 자라
튼실한 선물 같은 나무로 자라 주었지

그 어느 날
아름다운 자태 미색의 꽃 피우고 난 후
멀고먼 나라로 훌쩍 가버린 나무
사랑했던 나무야 어디를 가더라도
다시 태어나 사랑받고 사랑 주는
밑거름 되려무나, 진실로 고마웠어

눈꽃산행

정상 상고대 기대하면서
힘차게 계방산 오른다

고지에 다다를수록
눈꽃으로 천지간 아우르니
무거운 발걸음 멈추게 하네

하늘은 파란 마음
눈꽃은 하얀 마음

산봉우리 다다르니
자연의 생명 산호초라
상고대 눈꽃 장관 이루니
차마 그림 같다고 표현할
수밖에 없었네

금방이라도
뚝 뚝
녹아내릴 것만 같아
붉은 태양 늦장 부렸으면
내사 참 좋겠네

벽화마을

바닷가 길 따라 펼쳐진
희뿌연 풍경 옅어 더욱
멀게 느껴진다

희뿌연 장막 구름처럼
벽화마을 꽃 피었네
직선이 아닌 꼬부랑길
길목이 아롱져
꿈같은 그림 속으로 빠져들어

안개 장막 걷히고
다양한 벽화 무지갯빛
축제 분위기 조각하니

집집마다 마을마다
오손도손 정담 나누며
발길마다 감탄의 아우성
웃음꽃 벙그는 우화의 성벽

인간과 자연의 소통 공간
새 생명 불어 허기진 영혼
초연히 채우고 있다

수제비

너른 기와집 돌담길 따라
호박 넝쿨 주렁주렁
사람 내음 솔솔
풍요로운 양식으로
시린 마음 달래준다

저녁노을 젖어들 무렵
밥 짓는 어머니 양손마다
밀가루 반죽 수제비 뜨는 손길
감자 호박 마디마다 어머니 사랑
정 깊은 수제비 반죽

아궁이 속 타는 장작
굴뚝 타고 넘나드는 뿌연 연기
기와집 처마 서까래 고향집 추억
까맣게 어둠까지 묻혀버리니
온 동네 적막한 밤
깊어 깊어만 간다

친구

친구란 두 글자
생각해도 가슴 뭉클하다

깊은 정 나누며 웃을 수 있는 친구
형제 같고 연인 같은 친구
따뜻한 하숙방 아랫목
서로 눕기 위해 뒤엉키며 투덜투덜
시시콜콜 수다 떨던 꼬꼬마 친구

세상 살아가기 위해 아옹다옹하다
건강 잃어버린 친구
세상 등진 후 별나라로 떠나버린
내 친구 보고싶다

그때는 왜
친구의 소중함 몰랐을까
휑하게 패인 빈자리
사무친 그리움에 눈시울 붉어지네

대암산 용늪

굽이굽이 산길 돌아가노라면
산등선 올라가는 대암산
산사 풍경 심취하니

오를수록 매서운 바람
정상 오르니 바람도 숨 고르기하고
인적 없는 숲 고요 속 잠든다

천혜의 신비 용늪의 기운
천연 습지 생태계 장관을 이루며
자연의 숨결골마다
대암산 정기

한 폭의 동양화 펼쳐놓은 듯
한 순간 무아지경 따로 없네

연등불사

석가모니 부처님 오신 날
대웅전 전각 경내
장엄한 연등, 성불하소서

자비의 부처님 지혜의 빛
불자들 손발 닳도록
저마다 간절한 소망 담아
연등공양 올린다

삼독심으로 연등 밝힌
무명 대자대비
모든 중생 소원 성취하시고
무량공덕 이루소서
중생소원 무엇인들 못 이루리오

올바른 선행 삶 속에서
참 불자 되시길 간절히
빌고 비나이다

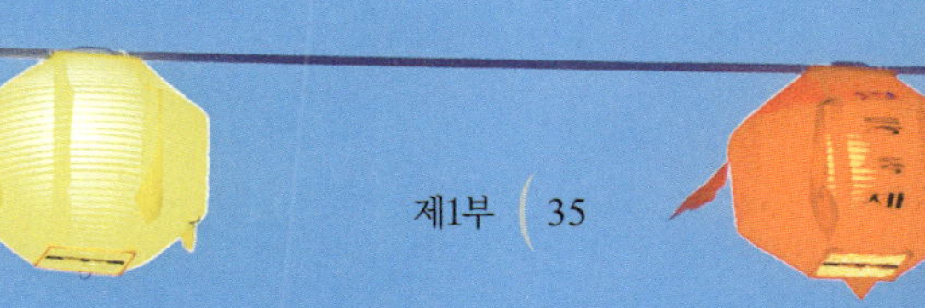

은행나무

용문산 깊은 계곡 숲길 따라
고운 단풍 어우러진 길
우뚝 선 천연기념물

위풍 자태 용문사 영원한 지킴이
천년의 혼 불사르네

여름이면 짙은 녹음방초
가을이면 총 천연빛 단풍과 어우러져
예쁜 노랑 은행잎
경내 물감 찍어 놓은 듯 수려하다

역사의 불국토 지켜온 나무여
말없이 버팀목 되어 오가는 나그네
오가는 길 밝혀 주는 등불이구나

북한강 길

강변길 따라 모여드는 단풍 숲
울긋불긋 오색물결 장관이로다
앙상한 가지들만 서로 보듬어
북풍한설 이겨내듯 비틀거리는 가로수길

굽이치는 강줄기 따라
은빛 물결 반짝거리고
초연한 달빛 아래 춤추는 강물이여

저 멀리 바라보이는 산봉우리마다
동면의 겨울잠 리허설인가

우리집 식탁

청록빛 여름 끝자리에 서면
성숙된 계절의 진미 현혹하니
건강식단 화기애애한 가족 한데 모여

새콤달콤한 홍옥 신비스러운 맛
터질 듯 아삭아삭한 식감
입안에 톡톡 천하 일미로세

신맛 단맛 그윽한 향기
사계절 노고의 땀방울
마디마디 새겨지던 날
우리집 건강 가족 행복한 웃음소리
하늘가에 아롱다롱 사랑꽃 핀다

붓 들고

슥삭 슥삭
벼룩에 먹 갈면
차분해지는 마음
유유자적하다

화선지 위
가로, 세로 긋기로부터
점, 선, 획 길고 짧게 예술이다
굵고 가늘게, 강하고 약하게
쉽지 않은 서체 앞에 정신 줄 모은다

한 획, 두 획 차근차근
지필묵 벗 삼아
세속 일 잠시 내려놓고
묵묵히 손끝 힘 주다보면

칠흑 같은 야삼경에도
내사 외롭지 않네
다시 밝아오는 아침
화사한 햇살 아래
황홀한 서체 환생하려나

천왕봉(天王峯)

황매루 올라앉아 내려다 본 세상
천왕봉 내 안에 불기둥 솟아올라
장엄한 기운 가득차고 넘친다

천지간에 넘나드는
자욱한 뭉게구름 사이사이
시원한 바람 휘날리는
여인의 옥양목 같은 치마폭처럼
나부끼며 둥실둥실
춤추고 노래하는 무희의 구슬픈 곡조

주변 풍광 웅장한 산새
신비로운 조화 극락세계 따로 없고
하늘빛 눈부시다

천왕봉 봉우리에 앉아
그 자리에 우뚝 솟아오른 너의 혼령이여
팔색조의 자태 보고지고 보고지고

제2부

고향의 사계절

봄의 향연 | 35×35㎝ | 伽藍 신동엽 作

방긋이 미소 짓네

내 고향 가는 길목
고불고불 언덕길에서
내 안의 나를 만난다
수려한 황매화 숨결 속에
피어나는 빛나는 자태
찬란한 봄 햇살처럼
노란 미소로 반겨주는 꽃
몽실몽실 잘도 피었네

무르익어가는 봄 봄
코끝에 머무는 향기
지친 마음 달래주며
방긋이 미소 짓는다

꽃송이 송이마다 비에 젖어
바람에 살랑살랑 어여쁘다
그윽한 고향 내음에 취한 듯
무릉도원이 따로 없다

수선화

포근하고 싱그러운 봄
수선화 꽃물결 사이사이
봄소식 알리네

산들바람 살랑살랑
방긋방긋 웃는 어여쁜 꽃
자연과 어울려 축제의 노래

고결하고 신비스러운 너 꽃이여
화사하게 활짝 핀 꽃
코끝에 맴도는 향기로 유혹하니
상춘객들 만개한 미소
지친 육신 마음까지 상쾌하게 달래주네

눈부신 햇살
산으로 들로
발길 닿는 곳마다
나를 반겨주네

내 마음도 익어가는
수선화 같으면 좋겠네

물레방앗간

저녁이슬 소매 끝 적시듯
촉촉이 내 가슴 다져오니
강 건너 외딴집 돌고 돌아
당도한 물레방앗간

출렁다리 홀로 건너
저녁노을 짊어지고
더딘 발걸음 재촉하네

물레방앗간 그리움 속
그대에게 다가서니
짙은 어둠 별빛 같은
참새들 옹알이가 귓전을 간지럽히고

돌아서는 길 막막해
쉼 없이 그리움만
녹녹히 쌓인다

함벽루(涵碧樓)

황우산 기슭
황강 유유히 흐르는 함벽루
오랜 세월 흘러가도
변함없이 남아 있는 고고한 자세
신기할 따름이네

황강의 시원한 풍경 아래
넓은 모래사장
한눈에 펼쳐지네

처마 끝 내리는 빗물
고요한 숨결로 흘러가네

옛 시인 묵객들의 발자취
머무는 이곳
선현들의 암벽에 새긴 필적
혼이 살아나듯

대야성 전투 꿋꿋이
절개 지켜온 신라의
역사 깊게 묻어난다

꽃잎

만개한 너의 자태 유혹하는
그 어느 봄날
나 찾아오거들랑
그대 못 잊어 산 넘고 물 건너
달려 간 줄 알거라

바람길 따라
한 잎 두 잎 젖어드니
잎새마다
오색실 수놓는다

그 꽃향기 취하여
눈웃음 요동치니
나를 향해 어서 오라고
손짓하는 그대
너, 꽃잎이여

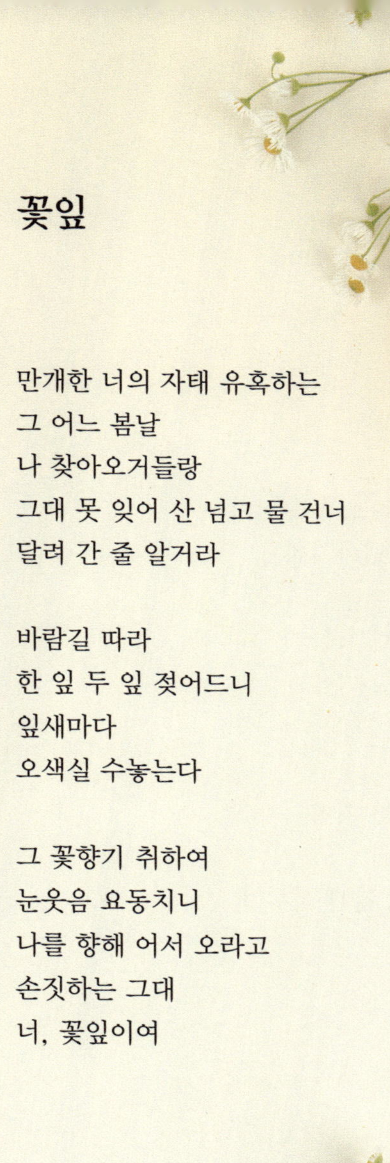

양양해변

밀창을 파고드는
아침햇살 선잠 깨우고
뎅그렁 뎅그렁
낙산사 장엄한 범종소리
어둠 걷어내고 날 밝아지네

수평선 너머 새파란 하늘
맑은 공기로 답답한 마음
달래주네

고요한 해변 바위를 치며
출렁이는 파도
물보라 흰 꽃 피어 장관 이루며
찬란한 웅비의
역사 솟아오르네

영시암(永矢庵)

긴 장마 집중호우
영시암 산사태 한시가 급하여
허겁지겁 봉사길 나섰네

크고 작은 돌멩이들 사투
평화롭던 계곡 초토화시켰다

큰 바위 위에 소원성취
공들여 쌓아 올린
돌탑 군데군데 남아 서연하다

깊고 수려한 산사의 여름
이 생각 저 생각에 발길 멈추네

주변 경관 맑은 물소리
천연빛 오색 단풍 화음에
가슴 시리도록 담아보네

황포 돛대

돛배는 바람
물보라 휘날리며
허공을 가르네

지평선 바라보며
황포 돛배에 올라서니
뱃머리에서
흥겨운 노랫가락
어깨춤 절로 정겹다

풍류가 따로 없고
푸른 물결 뱃놀이
신선도 부럽지 않다

남한강 신륵사 가을
강가에 우뚝 선 바위 위 강월헌

아름다운 금수강산
두 눈에 가슴에 담아보네

봄이 오는 길목

입춘이 지나 춘분 다가오네
며칠 새 기승부리던
동장군 칼바람 추위 꼬리 내리며
재잘거리는 봄바람 아득히 들리네

꽁꽁 얼어붙은 냇물
봄을 재촉하는
따사로운 햇살 속 바람
성긴 마음 살며시 내려놓네

기나긴 겨울 웅크리고 있었던
만물의 영장인 내 마음 녹여버리네

매화꽃 불 밝히는 달밤
그 향기에 취해
산새 합창소리 춤추고
싶은 봄 봄

해인사(海印寺)

세계문화유산
살아 숨 쉬는 세계기록명승의 터전
가야산 해인 총림에 다다르다

팔만대장경 숨결이 머무는 곳
3보(불, 법, 승)중 법보 사찰
쌍무지개 반겨주던 국보 32호
5천년 역사의 중심에 우뚝 섰다

한민족의 애환이 곳곳마다
서려 있는 해인사 전경
삼복더위에도 불구하고
암자 한켠에 삼보하니
장풍지지 부럽지 않다

산수화를 그려 놓은 듯
노송과 금송 황송의 절창
풍류가객 김삿갓 시인도 반하여
기막힌 풍월 쏟아놓지 않을까

수려한 내 고향 합천
해인사에 소장된 불교경전

전국 방방곡곡에서 끊이지 않는
관광객들 탄성소리 하늘끝자락 닿는다

민족의 염원을 담아 한 자 한 자
정성과 땀방울로 판각된 우주에서
가장 정교하고 완벽한 대장경

자랑스럽고 위대한 문화유산
천년이 지나고 만년이 지나도
영원무궁하여라 불국토 해인사
만사형통 소원성취 성불하소서

우리집 밥상

봄의 전령사
야생 머위 봄나물
향긋한 봄기운 진수성찬이다

차가운 겨울 돋아나는
춘설 속에서도 견디며

초록빛 새순 톡 톡
임금님 밥상 오르네
쌉싸름하고 향긋한 그 맛

벚꽃이 만개하면 자라나는 머위
풍성하게 입맛 살리는 재주꾼

대관령 목장

하늘과 자연 그리고 별
초원에서 뛰어노는 순한 양떼들
목장 우마차에 오르니
추억을 불러오는 초연을 가로질러
시원한 바람 자연 풍경
고불고불한 비탈길 오르면
산안개 헤치고 해발 1100m 전망대 오른다

저 멀리 하늘 능선 사이로 푸른 동해바다
자연의 노래가 구성지게 들려오네

구름 위를 노니는 기분
이름하여 대관령
자연이 준 인간의 최고 선물
무더운 여름이 지나고 가을 맞을 즈음
밤하늘 별무리 반짝반짝
축제의 팡파르 울리네

평창 더덕

산바람 노래 그윽하게 불어오는 산골
천혜의 자연환경 평창에 당도하니
깊은 산속 자연인 따라
바람 타고 콧노래 부르며 달려가도
험준한 산줄기 깊어만 가네

능선마다 더덕 넝쿨 지천으로 번지고
줄기 따라 흙을 파서 산삼이 안 부러워
코끝 스며드는 향기 일품이다

신선한 더덕 한 입 베어 물으니
얼굴 빛 뽀얘지네
더덕 향이 부드러워
겨울 가고 봄이 오면 다시
햇살 가득 웃음꽃 피어날 더덕의 행복

당신

내 생애 단 한번
반짝이는 별빛처럼
참말로 고운사랑 하나 있었네

언어로도 형용할 수 없는
무채감도의 화석처럼 선연히
떠오르는 산빛 그리움에 젖어
수평선 위에 철썩철썩
파도치며 달겨든다

해 뜨면 그대 모습 차올라
내 마음도 두둥실 끝없이 실려 가누나

고향의 사계절 : 봄

사람 냄새 풍겨나는 수려한 내 고향
호숫가 따라 거닐어보면 마음이 설레인다

봄날 오면 저만치서
왕벚꽃나무 분홍빛 멋스러운 고향
하얀 눈송이들 매달려 있는 듯하다

바람 불면 천지간에
꽃비 내려 온 마을 뒤덮여 장관 이루네

자연의 묘하고 순백한 정기
활짝 핀 벚꽃 희망과 위로 되어주고
한 폭 명화 보는 듯
고향 산천을 그려놓은 듯
명화가 따로 없다

고향의 사계절 : 여름

녹음방초 짙은
여름이 오면
마을 앞 들판 지나 냇가 풍경
삼삼오오 짝지어 물고기 잡고
풍덩풍덩 장구 치며 물놀이
시끌벅적 재잘재잘 소리 귓가에 맴돈다

맑은 물속 들여다보니
빛나는 피라미 붕어 고동
크고 작은 몽돌
자연의 신비가 따로 없네

풍덩 멱 감고 나면
버드나무 그늘 바위 위
푸른 하늘 우러러보니
천하태평이로구나

시냇물 소리 버드나무 잎
시원한 바람결 귀 맡기면
따듯한 햇살에 마음까지도 편안해지네

사무치게 소중한 내 고향
한 조각 추억되어 마디마디 남았구려

고향의 사계절 : 가을

꽃단풍 물드는 가을이면 아득한
장평들 황금 들판
벼 수확에 나선 울 아버지
바쁜 일손 움직인다

올 가을 벼농사 풍년
작년보다 여섯 가마니나 나왔다며
입가에 방긋 미소 짓네

어머니 빚은 동동주 한 사발
단숨에 들이키며 목축이니
캬! 좋다 하시는 울 아버지

들판 곳곳마다 분주하게 켜켜이 쌓은
가마니 볏짚 누리 가득가득
밀물처럼 다가오는 저녁

온 마을 노을빛 물들며 밤 깊어 가는데
그렇게 굴뚝에 뿌연 연기 모락모락
가을은 경이롭고 참말로 아름답네

고향의 사계절 : 겨울

순백의 겨울 아침
동녘에 해 뜨면
함박눈 장독대 소복소복
하얀 세상의 파노라마
엄마의 품속처럼 포근한 느낌이다

검정 털신 신고
동네 한 바퀴 돌면 허기 차오르고
엄마손 뜨개 장갑
시린 허기 달랬던 유년 시절

굴뚝새가
감나무 까치밥 주변
맴돌고 지저귀는 종달새 뻐꾹새
고향마을 생각에 가슴이 두근두근

얼마나 그리운 고향인가
얼마나 추억이 묻어있는지
엄마의 포근한 품속 같은
가고 싶은 고향

오월 장미

맑고 드높은 파란 하늘
돌담길 빨간 장미넝쿨
함박웃음 반갑게 반겨주네

돌담길 주렁주렁
활짝 핀 빨간 장미 송이마다

하늘 위 잔 구름 바람에 흩날리고
싱그러운 장미꽃 활짝 핀 골목사이
산새들 정답게 지저귀는 오월

임인년 새해 아침

금성산 중턱 장단(長湍)
선영으로 솟아오른 붉은 태양
만물이 잠에서 깨어나는 새해
곳곳 두루 비추는 눈부신 햇살
청강사 타종 소리 한 해 기운 울려퍼진다

생전 부모님 말씀 귓전에 쨍쨍
근면 성실 배우고 실천하며 정진해라
지혜롭게 세상을 바라보고
바르게 살아야 한다

부모님 화두 환갑의 나이가 되어서야
조금씩 알 것 같네
새해 아침 첫 발걸음부터
따뜻한 봄 사뿐히 즈려 왔으면 좋겠네

봄바람

주룩주룩 한줄기 빗물
새 생명 빼꼼히 얼굴 내미는 봄

햇살에 반짝반짝 눈부신 들녘
부드러운 봄바람 불어 나부낀다

생동감 넘치는 산 끝자락
풀내음 꽃향기 가득하여
푸르름 곳곳마다 묻어나네

철쭉꽃

밤새워 내리던
빗줄기 따라
봄 향기 가득 담은
철쭉꽃 고와라
한 잎 두 잎
이슬 머금고
새콤 단물 삼키네

밤 새워 내린 비
얼굴 내민 새싹 향하여
꽃잎을 적시는
봄이 오면
그 향기에 취하고
취하네

하늘비

메마른 대지
촉촉이 내려와
갈증 나는
내 마음 가슴속
펑 뚫어지네

천상에서 보낸
아름다운 비야
시원한 커피 한 잔
마시고 싶어라

영혼의 비 너를 만나
내 가슴 흠뻑 적시고
시의 씨앗 뿌려
언어꽃 피우려무나

소박한 연분홍 바램일까
욕심일까
타는 마음 서연한 먹구름
하늘비 내리지 않네

철 이른 장맛비
줄기차게 쏟아져 내리면
그 그리움의 거리도
점점 더 가까워지겠지

제3부

바람과 구름

대우주 몽상 | 35×26㎝ | 伽藍 신동엽 作

초록 비

노을이 짙어가는
봄밤 풍경 깊어만 가는데

장마와 태풍소식
시시때때로 쏟아지는 빗줄기
은밀하고 이채롭다

옛 추억 앨범 들추면
기억의 저편 너와 나
그 자리에 머물러 있다

봄비에 젖은
파릇파릇한 풀잎 마냥
아이처럼 좋다

비 그칠 무렵이 오면
자박자박 걸어올 것 같은
가을 안부 벌써
설레이는 가슴 먼저
빗물에 젖는다

장맛비

진종일 습도가 올라가니
때 묻은 와이셔츠 흥건히 젖어있네

높은 하늘 회색 몸부림에
내 육신 구석구석 천근만근

한줄기 빗줄기마저
숨어버리는 장마의 계절
커피 향 빗소리에 놀라

시원한 계곡 위
아름드리 숲속 재잘대던
산새들 어디론가 떠나가고

고요한 계곡물 속 반짝이는
물고기 떼 한 잎 두 잎
빗방울 머금고 헤엄치누나

북한산의 봄

노란 산수유꽃
배시시 실눈 뜨는 계절
인수봉 산자락 진달래
흐드러지게 피었다

그윽하게 유혹하는
꽃향기 계곡마다 얼쑤 덩더쿵
봄바람 춤춘다

솔바람 풀내음 솔솔
꽃물 드는
어린아이 같은 내 마음
북한산 자락에 흠뻑 젖었다

겨울 카페

시간과 세월 속
눈보다 비 잦은 겨울
중년들 옹기종기 모여드는 카페

사람들 온기 차곡차곡
서로가 연민하는 마음으로
유화물감 같은 작은 슬픔

얼룩진 겨울 늦은 저녁시간
사람들은 해 저물어
어둠 따라 길 떠나네

바이러스

지구촌 안과 밖
세균전쟁으로 멈추어진 시간

어김없이 찾아오는
인생 여정에서
만물의 영장 기상
점점 더 나락으로 무너지고
시샘 많은 바람의 유혹
지천으로 피고지는 꽃들의 진통보다
더 혹독한 적과의 번뇌

봄이 오는 이맘때쯤
메아리치는
시절 좋은 계절
코로나 너를
잊고 싶은 맘
가득하다

이월 연주대

관악산 눈꽃 피어 아름답다
세찬 눈보라
연주대 휘몰아 피어오르네

반짝이는 눈빛 같은
하얀 눈송이
하늘 떠도네

등산객 맞이하는
눈꽃 세상
천상의 연주 같다

군고구마

찬 서리 내리는 겨울밤
허기진 배 달래려
부엌으로 나선다

농심의 손길로
정성스레 잉태한 고구마
활활 타오르는 장작
속에 먹음직스럽게 익는다

한 겹의 겉옷 벗겨보니
샛노랗게 물들어진
촉촉하고 부드러운 속살

김 모락모락 후후 불어
한 입 맛보니 달콤함 일품

군침 도는 기막힌 맛
추억의 간식 군고구마

소망 탑

솔솔 위에 올라
남산 바라보네

은하수 별 가루 뿌려진
화려한 불빛 네온사인
너울너울 춤을 추네

단풍잎 울긋불긋
하나 둘 셋
바람에 나뒹굴고
소복소복 산 계곡 옷 입으니
향마저 짙게 묻어나는
소망의 탑
사랑의 세레나데

둘레길

간 밤 다녀간
봄비 조용한 입맞춤
둘레길 정겹게 걸으니
이름 모를 풀벌레 울음소리
먼저 와서 길 안내하네

저 멀리 다랑이논 밀밭
초록빛 물감으로 적시우고
타박네처럼 거닐어보는 오솔길 따라

휘파람 불며
얏호~외침
기쁜 마음 열리니
어릴 적 내 동무 달님 같은 모습

향수에 대한
추억 새록새록 피어나고
발걸음 닿는 곳마다
사랑과 그리움 묻어나네

장맛비 연잎

하늘 먹구름 두둥실 내려
연잎에 촉촉하게 적셔 씻어 내린다

연잎 빗방울 담고 있다가
욕심 없이 흘러내린다

비우면 비운 만큼 채워질 것이네
연꽃처럼 향기로운 삶을 바라네

바람과 구름

황혼 무렵 바람과 구름
밀려드는 시간
무더웠던 여름밤
뼛속까지 송글송글 땀방울
흥건히 적신다

바람과 구름 서로 밀당하듯
달빛은 어두운 세상 밝게 비추고
다시 새아침 맞이한다

맑게 개인 파란 하늘
담장 너머 익어가는 탐스런 석류알
보석 머금은 듯 달달새콤
알알이 터진다

시원하고 상쾌한 마파람 속
너와 나 그리움의 길목에 들려오는
사랑의 세레나데

청포도

파란 하늘 뜨거운 태양열
한 해 동안
영글어 송글송글
청포도 시인 그립다
탐스럽게 매달린 포도송이

뜨거운 햇살 아래
상쾌한 숨결 느껴지네

신선한 향기 물어물어
열기에 달아오른
심술 맞은 더위 달래준다

호수공원

장맛비에 젖어드는
호수 둘레길 걷다보면
하늘 비 총총
추억 속 호수공원 꿈의 산책로

물빛과 숨결 사이
평행선 이루며
길게 놓여 있네

벤치에 앉아보니
스치는 바람마저 반기는 듯
주변의 자연경관들
삼삼오오 연인들
세상 이야기 속삭이네

조용히 들려오는 노랫소리
추억의 시간 쌓여가네

아카시아

오월의 전령사
아카시아꽃

따스한 햇살 사이
하얀 꽃향기 숨가쁘다

그 꽃향기에
취하고 취해 보니

벌꿀들 찾아와 노래의 향연
주인 얼굴 웃음꽃 가득

합천호

고불고불 황매산
터널 아래 합천호
긴 여름 장맛비
흩어지고 모여든다

황매산의 절창
맑은 새벽 청정 호수
새벽 물안개 속
깊어가니

고요와 적막에
젖어드는 합천호
인기척마저 사라진
천년 혼불

관악산

가을비 자박자박
창문 앞 노크에 비 그친다

관악산 연주대 언저리 끝자리
회색빛 뿌연 안개비 군집을 이루고

깊은 산속 산새들
침묵 속 관악산

허공 나는 사랑과 이별의 플랫폼이여
여객기 김포공항으로 향하네

경춘선

학창시절 추억 속으로
경춘선 평행선 이루며
세월처럼 길게 늘어져 있다

처절하게 녹슨 철길 사이
스치는 선선한 바람
빛바랜 레코드판 선율처럼
젊은 날 웃음소리
노랫가락 곡조 따라 기억 더듬어보며

남한강 굽어보는
잔잔한 물소리 발목을 잡고
물새들 풀벌레 합창소리
찌르륵찌르륵 흥겹다

코스모스 한들한들
미소 짓는 가을 하늘 천국이로구나

도봉산

땅 위 초록
초록빛 물감 사방을
물들게 하네

청명한 하늘가
인수봉 봉우리 뭉게구름
감싸 안고 울긋불긋
만산홍엽 수놓고

산기슭 야생초들
살며시 고개 내미는 산정 풍경

청명한 자연의 유혹
함박웃음 터트리네

코스모스

가을의 서정이 묻어나는
코스모스 꽃길
하늘과 구름 사이 형형색색 아름답다
오고 가는 동양화 춤을 추는 무희처럼

오늘도 방랑객 되어 곳곳마다
더없이 흘러가는 야속한 세월
하늘하늘 꽃길 내 청춘도 가네

현충원의 봄

봄 햇살
연분홍 수양 벚꽃 예쁘다
생동감이 넘쳐나는 봄

노란 개나리 산수유 꽃길
연분홍 매화꽃 고와라

눈길 따라
내 가슴속까지 훙건히 젖어드는 봄봄
내 마음까지 숙연해진다

어머니 묘소(墓所)

금성산 중턱 즈음
고요히 잠든 울 어머니
꾀꼬리 지저귀고
산 꿩 노니는 숲속 사이
푸드덕 푸드덕 달아난다

양지바른 햇살 터전
산수유, 벚꽃 싹 틀 때면
저 멀리 들려오는 예불 소리
서글프게 파고드는 사모의 정

둥근달 온 세상 비추니
하늘길 떠나가신 울 어머니
아직 기별조차 없구나

어머니 품 다시 그리워
밤이면 밤마다 봇물 터지듯
울음 삼키는 불효자는
목메어 운다

삶의 자세

부처님 진귀한 말씀
세상 법도 깨우치니
게으름 피울 겨를 없이
영포의 등불 삼아

참부처님 공부자리
내 안의 나를 들여다보니
초발심마저 일으키네

이승길 후회 없이 살고자
부지런히 정진에 불법하니
우리 부처님 하나되어
그 기도 가이 없어라

참회와 환희심 의미 따라
삶의 자세 달라지듯
자비의 부처님 큰 뜻 깨닫고 내려놓으니
세상사 모든 근심 술술 강물처럼 풀리네

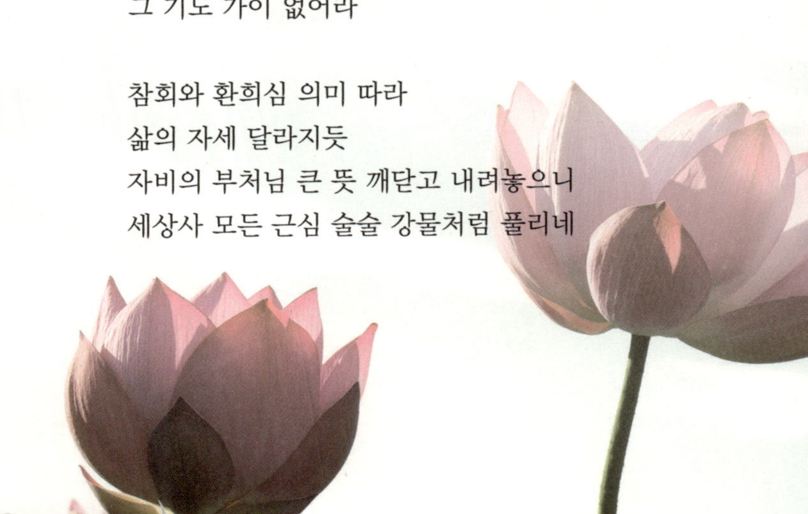

구룡사(九龍寺)

거북이와 용화설
깃든 천년 고찰
경내 곳곳이 장엄하게 잘 다듬어져
너무도 정겹고 수려하다

대웅전 화려한
단청과 섬세한 조각
장엄함마저 물씬 느끼네

황장목 숲길 하늘로 쭉쭉
시원스럽게 뻗어
치솟는 나뭇가지 사이
해맑은 하늘 바라보니
박하향 같은 청량감
코로나 짓눌렸던 당당한 마음까지 차올라
모든 일상들 바람결에 포르르 눈 녹듯
말끔히 씻어지네

자연이 점지해준 산사의 맑은 물소리
청아한 기운 듬뿍 받아 눅눅함 치유되니
굽어 돌아가는 길
몸과 마음 가벼워지고
해원의 바다처럼 끝없이 펼쳐지네

봉정암

서늘하고 상쾌한 봉정암
깊어가는 가을 단풍 한 잎 두 잎
서로 경쟁하듯 울긋불긋
엽록색 향기 뿜어내며

빨강 노랑 갈색 형형색색
눈부시도록 예쁜 오색 단풍 미색에 젖어드니
세상 근심 걱정 싹 사라지누나

고즈넉한 산사 풍광마저 현혹하니
기암괴석 멋스러운 꽃불 지피는구나
낙엽 사이 스며드는 풍요로운 햇살
농익은 얼굴 어서 오라고 손짓하네

대자연의 신비 속에 익어가는
빼어난 오색빛 진리
천혜의 아방궁 따로 없구나

제4부

잠 못 드는 밤

명월송간조 | 35×35㎝ | 伽藍 신동엽 作

가을 하늘

천고마비의 계절
하늘 풍경 달달한
솜사탕 같아
둥실둥실 설레이는 만추

수채화 그려 놓은 듯
동양화 같은 가을 하늘은
못내 기쁘구나

단풍 사이 살랑살랑 갈잎 뱃노래
사람도 사랑도 그리운 가을
나는야 가을 타는 풋사내

단풍

새벽에 내린 비 젖어드는 잎새
가지 끝에 매달린 빗방울 연가
떠나간 그 님 못내 그리워
붙잡고 싶은 흔들리는 마음

초연히 지나간 자리마다
우리네 한평생 설운 이야기
뒹굴면서 삭막스러운 겨울 재촉하네

호박

논두렁 밭두렁 비탈진 언저리
얽히고설키어 둥지마다 보름달
사이사이 익어가는 황금빛 호박
노랑노랑 웃음꽃 피어난다

농심의 부푼 꿈 가득 담은
탐스럽게 익은 누런 호박
내가 살아온 인생도 둥글게
넉넉한 호박처럼 익어가고 싶다

진실이란

가슴 가슴마다
움트는 새싹
봄을 노래하듯
진실을 실어라

바른 진리와
참된 이상을 연결하는
젊은 혈기와 더불어
소박한 축복 한가득 실어라

넓은 가슴
진실의 둥지를 틀고
성긴 마음 일깨워
비우고 다시 채우는
사람의 복덕이라

시냇물 노래 따라

속삭이듯 어렴풋이 내리는
꽃잎은 바람결에 툭 떨어지네

개구리 힘찬 합창소리
나뭇잎 통통 춤춘다

시냇물 졸졸졸
풀잎은 봄의 역사를 만들고

새들의 흥겨운 귀가
농부의 얼굴 흠뻑 미소 띠며
삽 들고 들길 나서는
산골의 일상

잠 못 드는 밤

끝없이 펼쳐지는
불면의 밤
인간의 숙명은 어디쯤인가
긴 터널 속
끝 닿을 수 없는 미로 따라
헤엄쳐 다닌다

이리 뒤척 저리 뒤척
기우는 밤 있기에
함박웃음 짓는 아침
문밖에 기다리고 있으니
내사
시 쓰는 일 하나로
새벽 종소리 같은 여운
사방으로 울리리라

비

그 누구의 슬픈 눈물
비가 되어 내리는가
가슴 아픈 사연 있어
삭막한 들판에
슬픈 시를 쓰는가 보다

누구의 소망 씨앗 되어
촉촉이 대지를 적시고
하늘에서 내리는 빗소리
가슴까지 먹먹하다

낙엽 인생

창밖에 잎새 소리
바람 소리
어디선가 쓸쓸한 음악
나도 같이 부르고 싶다

인생을 굴리듯
잊었던 지난날
바람마저 차마 숨 죽였건만
낙엽은 뎅그렁 뎅그렁 구르고
어쩌면 이것은 나의 숙명

낙엽 지는 가을 우수의 밤
괴롭고 서러운 듯
잃어버린 옛 추억 찾아가는 길목
쓸쓸한 낙엽 한 잎 두 잎 흩어지네

풍뎅이

외로움으로 식어버린
그 사랑도
가슴을 울리는
그대의 노래인가

희미한 불꽃
멀리멀리 날아가는
나는 외로운 풍뎅이

영원을 찾아나서는 불나비
이 밤의 주인공 되어

그대여
목메이게 부르노라
나는 나는 누구인가 하고

홍매화

고즈넉한 어느 봄날
남쪽나라 꽃동산
내 사랑 그대 같은
홍매화 장관이로다

가슴 깊이 간직한
잊을 수 없는 여인
오로지 오직 한 사람
영혼까지 삼켜버린 사랑이었소

그리움으로 타는 가슴
와사등 아래 묻어두고
하얀 밤 지새웠네

이 마음 하늘이 알까
사막을 헤매는 나그네처럼
방황하는 내 안의 나를 보았소

흔들리며 흩어지는
잡을 수 없는 인연의 끈
애간장 태우는 비련의 밤

진정한 사랑은
무쇠 같은 사내도 녹여버리는
무서운 힘
세월이 흐른 후에
나는 깨달았구려

당신을 처음 만난 날

고요한 내 가슴에
어느 날 갑자기 들어온 당신
사랑이 무엇인지
허락할 틈새 없이
너와나 동아줄로 영혼을 묶어버렸지

생각만 하여도 행복하고
눈에 삼삼 가슴에 가득가득
그리움의 강물이 넘쳐흘러
보고픈 마음 잠 못 이룬다

허전하고
외롭고 외롭다
아무리 되뇌어 보아도
무심한 당신은 내 마음 몰라주니
허전한 가슴 달랠 길 없네
사랑아, 내 사랑아, 사랑은 아픈 것

인연(因緣)

하늘 구름 지나가야
다시 또 다른 세상 보이고

뿌리 깊은 나무가 흔들려야
새 바람 분다는 사실

사람은 사랑도 만나고 맺어야
인연다운 인연 이루어진다

양재천 카페

늦가을 양재천 둑방길 걷다보니
비바람 오색 단풍 한 잎 두 잎 적시던 시간
쓸쓸한 바람이 발목을 잡아

샹송이 흐르고 마음은 따뜻한
커피 한 잔에 생각이 많다

지금도 늦가을 이맘때쯤
가끔씩 그때가 사무치게 그리워
바람에게 나를 불러 세운다

우리 짧은 만남 아쉬운 작별
까치발 들고 기다림을 배워 버린
그리움의 노트에 묻어 버린
먼 후일 그대와 나의
갈색 추억, 참 아름다웠네

먹구름

이른 아침
검은 먹구름 사이
온몸을 뒤척이며
선잠 깨고 보니
분노한 하늘인가
도화지에 심상 그려
하루를 연다

먹구름과 하늘 사이
지친 인생 쓸어안고
오늘 하루도 허허롭고
애잔함 묻어내린다

가을

황금색 들녘
오곡백화 만발하고

외딴 과수원
풍성하게 자란 과일들
농부의 새까만 잔주름 가득하지만
순백한 하얀 미소 띄운다

오곡백과 익어가고 풍년세월
큰 사람을 얻는 것만큼
결실 또한 흐뭇하다

해바라기 미소처럼
미소 짓는 가을 풍요
시간마저 익어가네

텅 빈 가슴

산골 마을 해거름녘 저물고
차가운 바람
호숫가 나뭇잎 가지 끝에 매달려
힘겨루기 하나 보다

잔잔한 호숫가 기러기 울어쌓고
막걸리 한 사발에 시름을 잊고
때늦은 후회
외로움 차오르니
산수 좋고 물 좋은 고향 산천이건만
서러운 마음 달랠 길 없네

호수

물빛 젖어드는 저녁
탁 트인 잔잔한 호수
둥근달 휘영청
은하의 성곽처럼
눈부시게 아름다운 밤

지나온 세월 속
울퉁불퉁 비포장 길
돌부리마다 걸림돌 되지만

거센 비바람 맥없이
풀썩 주저앉기도 했다

내 인생 짧지 않은 시간들
지나고 보니 아찔하고 애닯아라

어머니

오월의 황매산 길
철쭉꽃 향기
어머니 품 속 같아
귓가에 맴도는
어머니 다정한 목소리

어머니에 대한 그리움
텅 빈 가슴 채울 수 없어
눈물 가득 고이네

부드러운 단팥빵
달달한 캔커피 들고
금성산 아래
어머니 계신 곳
내 마음 달려간다

그리운 어머니!
어머니
울 어머니
사무친 그 이름이여

황계 폭포

자연경관 취해 풍월 읊으며
폭포길 따라가면
영혼의 소리 아득하여라

신선한 공기
쏟아지는 환상의 물줄기
진주방울 모여들듯 쌓인다

산새들 지저귀는 소리에 귀 열고
폭포수 아래 넓은 바위는 신선 노닐다 가는 곳
속세의 무거운 짐 내려놓고
깊은 사색의 묵언수행
도의 길 열린다

계룡산 봄

봄 향기 가득 산천에 젖어드니
따스한 햇살도 비켜가는구나
철마다 색다른 기운
은은한 빛으로 물드는 계룡의 봄

산수유꽃 만개하고
첫사랑 그대처럼
나에게 살포시 다가와
가던 발걸음 돌려세워 묶어놓는다

청평사 가는 길

계곡 따라 흐르는 초록빛 맑은 물
소양호 흘러 다시 돌아오지 않네

새소리 바람소리 물소리
산천어 맑은 물 노니는 소양강

천년고찰 풍경소리 들으면
절로 마음자리 편안해
심산계곡 내려가
두 발 담그고 유년시절 회상하며
물장구 치고 싶은 마음

전설의 삼층석탑 변함없건만
암자로 가는 보살의 뒷자태
제각기 다른 모습 이방인 같아라

제5부

자연이 나를 부르네

유곡가인 | 35×35㎝ | 伽藍 신동엽 作

들판

가을 하늘 아래
뭉게구름 줄지어 살랄라
천고마비 계절
황금 들판 온통 풍년이다

솔바람 사이로
시름 잠기는 나그네
서로 마주보며 눈맞춤 하니
농부의 넉넉한 인심
태평성대이로구나

들판에 익어가는 알곡들
다랑이 길 따라 영글고
코스모스 들국화 어서 오라 반겨주는
고향집 저녁 연기
오늘따라 추억
다시 되살아난다

기암괴석

금성산 봉수대 아래
신령스러운 기암괴석
뿌리 깊게 뻗어 내리니
땅 기운 치솟아오르고
변함없는 금성산 지킴이
천하대장군이 따로 없다

자연이 빚은 아름다운
기묘한 바위 신선이라네

보면 볼수록 감탄의 절경
하늘 보고 거대한 기운 품네

대대손손 자손만대
일취월장하길 기원하고픈 마음
절로 용솟음친다

화석정(花石亭)

임진강 금빛 물결 반짝이고
저녁노을 하늘 아래 닿네

갈매기 처량한 울음소리
끼룩끼룩 쓸쓸한 화음
철책선 너머 북녘 땅 넘나들고
해는 서산머리에 기우네

삼팔선이 가로막혀
생이별 웬 말인가

율곡이이 정자에 올라
무엇을 그리워했을지 알 수 없고
허공에 손장난만 훠이훠이
풍월 읊조린다

광안대교

아침 햇살 대교 아래 비추니
가물가물 은빛물결
바다 깊숙이 스며든다

이채로운 해원의 풍경 속
신비로운 자연의 이치
자연 가슴 절절히 파고드는데
철새의 날갯짓 지평선 가로지른다

쓸쓸함도 정겨움도 교차하는 겨울바다
저마다 시간여행 누리고 있네

수타사(壽陁寺)

공작산 산정 물살에 반짝반짝
보석처럼 황홀한 아침

풍상의 긴 세월 인고의 소나무
단아한 대적광전 기도하는 천심인가
어느새 바깥 풍경 빠져들어 모든 시름
내려놓는다

대자대비 부처님 자비 광명 찾아
모든 중생 위하여 기운 넘치는
한줄기 빛 되소서

비나이다 비나이다
부처님께 비나이다
수타사 머무는 이내 심사
수도승 따로 없네

정월대보름

보름달 서녘에 달뜨면
오곡밥 진채나물 밥상에 오르다
한 해 동안 건강기도
더위를 타지 않는다네
울 어머니 해주시던
오곡밥 그 사랑 생각나네

달아 달아 밝은 달밤 앞에
한 해 풍년과 가족 안녕을 기원하며 빌고 빈다
마을 입구 당산나무 서기가 넘치니
강가 용왕님께 빌던 고향집
우리 어머니 사무치게 그리워지네

단발머리 소녀

청초하고 고운 그 소녀
터질 듯한 속마음 들킬세라
고백할까 말까 진종일 서성인다

등하교 길에 만났던
반짝이는 소녀의 까만 눈동자
두근두근 지나쳐버린 첫사랑 그녀
아! 철부지 순정 사랑인가

중년의 세월 흘러가도
영원히 잊지 못할 장밋빛 여정
목메이게 불러보는
내 안의 사랑, 사랑아

직지사(直指寺) 차 한 잔

천년고찰 직지사
평화의 석탑
불 밝히면
밤하늘 별빛 달빛
모여드는 직지사의 밤

영혼이 숨 쉬는 사명대사공원
평화의 탑 소원 빌며
그윽한 차 한 잔 무심으로 마시니
창 너머 펼쳐진 산등선마저
차향에 스며드네

고석정(孤石亭)

만고의 세월 아래
한탄강 물줄기 따라
새하얀 상고대 안개 속 피어오르네

휴전선 가로질러 한탄강 주변
조약돌 돌탑 조각조각
장관을 이루지만
오가는 사람 발길마저 뜸하네

정자에 올라앉아 기암괴석
협곡에 홀로 서 있는 고석암 바위
첩첩산중의 비경은
한 폭의 동양화 비길 바 없다

용암 흘러내리는 흔적들
척박한 고석암 바위
푸른 소나무 긴긴 세월
절벽과 협곡이 형성되어
수많은 삶 회고해 보는 때

자연이 나를 부르네

올올이 묶여버린 인간 세상
육신의 혼불 사루고
자연인(人) 되라하네
삼라만상(森羅萬象) 절곡 넘나드는
신비로운 우주의 진리

더 이상 번민은 묻어두고
영혼을 조각하는 글을 벗 삼아
하늘이 내려주신 선물
자연의 섭리에 순응하고 그리 살라하네

이승의 마지막 그날까지
비우고 내려놓고 무심으로 살라하네

보리암 일출

캄캄한 어둠은 나를 불러 세우고
보리암 일출 기다리면
웅장하게 떠오르는 태양의 빛이여

암자에 한 등 밝혀지는
연등의 불빛이 유혹한다
법당 부처님 천년미소
지혜의 빛으로 품어준다

부처님 전 공손하게 빌고 비는 마음
인간사 전달하니
지혜로 맺은 인연
희망과 꿈이 샘솟는다

남해 일출 신비롭고
영험한 기운 불끈 솟아올라

저 멀리 바다 모래 빛
반짝반짝 일렁이고
천하제일 절경
오~ 파라다이스여

콩나물 해장국

보글보글 지글지글
시원한 콩나물 해장국
새우 젓갈 풀어 넣고
고추 넣고
수란 넣으니 군침 돈다

한 숟가락에 허기 채우고
씹히는 맛 아삭아삭
식감 살아나는 맛의 천국
뜨끈한 국물 진미로다

콩나물 해장국 서민 애환 담아
한 그릇을 뚝딱
쓰린 속 풀어주니 캬~ 좋다
이만한 해장국 어디 있으랴

검푸른 바다

맑고 청명한 하늘
촉촉한 은빛모래 밟으며
지평선 향해 뚜벅뚜벅 걸었네

저 멀리 밀려오는 검푸른 파도
눈꽃세상 같은 물거품 품으며
안개처럼 뽀얗게 피어오르네

갈매기 끼룩끼룩 춤추며
해변으로 달려오는 바다의 축제

짭조름한 해조의 맛
태풍 바람 맞으니
온 세상 은빛구름처럼 빛난다

한강

몸과 마음 불러 모아
저녁 산책길 나서네
서산 해는 기울고
천지는 고요한데

강물 바라보고 있으니
수도승이 따로 없다

고요한 물소리 내 안의 기도소리
훅하고 바람 불면 생각도 사라질까
한강의 기적
시 한 수 읊으니 이곳이
바로 시의 명소로다

곰배령 탐방

깊고 깊은 한계령 사이 두고
설악산 기운 마주하는 산준령의 표상

하늘이 점지해준
만삭의 여인처럼
봉긋하고 풍요로운 곰배령

산안개 자욱한
생명의 숨소리가
신비로운 천상의 화원

총 천연색
물감 뿌려 놓은 듯
꽃물결 자연 신비로움 장관이다

약속

오늘도 어제처럼
굳게 마음먹었던 그 약속
한 걸음 두 걸음 자국마다
남은 세월의 계단 내딛는다

비바람 휘몰아치고 태풍이 불어도
내사 흔들리지 않네

그대와 나 굳게 맺은 맹세
남은 세월 다지고 다져 기원하는 온 마음

희망

한 송이 그 꽃
피우기 위하여 쏟아 부은 정
새싹 되어 돋아난다

한 알의 씨앗
농부의 피땀 흘린 노고
오롯이 숨겨져 있네

한 방울 물 생명이 되어
천지간에 은혜롭다

한 그루 나무가 모여
자연환경 산소가 되어주니

저 넓은 세상으로
내딛으면 그곳에 희망이 있네

안목해변

천혜의 자연환경 속
끝없이 펼쳐진
해원의 바다
안목 해변의 그윽하고
신선한 바다 내음 느껴지네

소나무 숲속 길
젖어드는 커피 향
고소하고 따끈한
콩빵에 젖어
여유로운 힐링시간

별무리 반짝이는
바다 바라보며
도란도란 그대와 마주하게
옛 추억 그 사람 이야기
빛바랜 세월 익어가네

경포대

세상사람 그리워하는
동해 앞바다
은빛 초록 굽이굽이 펼쳐지는
청정 소나무 숲
사이사이 함초롬히
새어드는 햇살 솜사탕처럼
시린 가슴 파고든다

초로의 나이
그리움이 깊어지면
그대와 머물며 살고 싶네

끝없이 펼쳐지는 바다
고요하고 잔잔한 수평선
마음속에 그어 놓고
저 멀고 먼 곳으로
떠나면 좋겠네
영감이 살아 숨 쉬는 경포대
오늘도 아낌없이 쓰노라
시여 사랑이여
경포의 노래여

전등사

정족산 산성
병풍처럼 드리워져
땅의 강인한 기운
가슴 가득 담고 있네

경내 솔바람 향기 어우러져
굽이굽이 아름다운 풍경
가슴속까지 비워진다

훈풍에 흔들리는 연등
색 바랜 대웅전 뜰아래 젖어드니
불심조차 고풍스럽다

대웅전 준엄한 풍경소리 더불어
처마 길게 멋스럽게 어우러지니
웅장하고 정교한 그림 속 화원이라
차마 자리를 떠날 수 없네

당신과 나

그리움이 타는 노을
안개 속에 머물고
눈빛과 가슴 사이
연모한 그 사랑 싹튼다

차디찬 겨울 삭풍과
비바람에도 흔들리지 않고
험준령 가시밭길 헤쳐나가던 당신

사랑했으므로 존재하고
긴 세월 둘이 함께
행여 멀어질세라
모진 세월 넘고 넘어 여기까지 왔다

내 인생 마지막 사랑
세월이 흐르고 흘러도
멈추지 않는 강물처럼
묵묵히 내 곁에 선 고마운 사람

우리 서로 영원으로 가는 인생길
천년만년 살고지고
세세연년 사랑하리

서정(抒情)과 낭만(浪漫), 초야(草野)를 노래하는 성찰의 미학

김천우(평론가, (사)세계문인협회 이사장)

1. 초자연주의를 형상화하는 낭만가인의 향수

황산 손영채 시집 『황매산 연가』는 황매산 철쭉 군락지에서 새봄을 노래하는 아름다운 축제의 퍼레이드를 연출하는 최고의 무대라고 해도 과언이 아닐 만큼 대병면 가회면과 산청군 차황면에 걸쳐 있는 소백산맥 중 으뜸가는 산정이라 하겠다. 손영채 시인은 모태고향인 합천을 누구보다 사랑하고 있으며 고향을 그리워하는 애향심 또한 대단한 사람임에는 틀림이 없다.

오래전 역사의 발자취를 거슬러 올라가면 무위자연의 노장사상이나 자연으로 돌아가자는 것이 아니라 인간본연의 따스함과 내면의 울림을 주는 시적화자는 대단한 포에틱 사상을 능가하는 언어의 연금술이 아닌가 싶다.

시인은 유년시절부터 가슴 한켠에는 문학 소년의 꿈나무 한그루를 심고 있었을 것이라 생각한다. 종합문예지 월간 『문학세계』로 등단 시점에는 성숙한 어른아이의 모습으로 수십 편의 작품 중 3편「어머니」「낙엽인생」「별」이 당선되어 한국문단에 큰 획을 그었다고 해도 손색이 없을 만큼 시에 대한 열정과 고향에 대한 지고지순한 애틋함이 고스란히 묻어 있었다.

특히 부모에 대한 사모곡과 사부곡의 시편들은 심사자들에게도 효심의 깊이가 굉장한 울림을 주었다. 나이가 들수록 감성세계는 되살아나고 세월의 굴레는 연륜의 수레바퀴를 능가하지 못함을 간과하는 시인의 정적인 사람의 한 단면들을 세상 밖으로 펼쳐놓고자 한다.

손영채 시인의 시집『황매산 연가』는 총 5부로 나누어진다.

제1부 꽃동산 외 23편/ 제2부 고향의 사계절 외 22편/ 제3부 바람과 구름 외 23편/ 제4부 잠 못 드는 밤 외 20편/ 제5부 자연이 나를 부르네 외 20편 총 113편의 주옥같은 시세계가 병풍처럼 펼쳐지고 있으며 대부분 시의 색채는 진솔하면서도 꾸밈이 없는 산골소년의 마음자리가 수채화를 연상하듯 여유롭고 단아하다.

시인의 고향은 경남 합천군, 풍경처럼 자리하고 있는 황매산 줄기에서 태어났다. 그만큼 탄생의 의미는 시의 모티브를 제공하는 커다란 징검다리 역할을 하기 때문이다. 먼저 아버지에 대한 회상의 길목을 들어가 보면 구구절절 그리움의 흔적들이 어른이 된 지금에도 또렷이 문신처럼 남아 있음을 전달해주는 시편이다.

아버지는 말 그대로 고향의 애환을 증명해주는 시의 주인공이자 시인의 자화상을 그려주는 쓸쓸하고도 아름다운 이야기로 남아있다. 이 시대를 살아온 가장 한국적이면서도 토속적인 산골생활의 모든 단면을 한편의 시로 감성을 자극하는지도 모른다.

금성산 끝자락 한옥 고택
향나무 아래
콩 수확에 맷돌 간다

아버지 얼굴 환한 웃음
손등에 내려앉은 햇살
뱅글뱅글 따라 돌고

막걸리 한 잔 기울이며
익어가는 노을 속 얼굴
주름살마다 삶의 깊은 계곡
두부 한 입 베어 먹으면
입가에 콩 꽃 만개하였지요

텅 빈 집 들어서면
옹기종기 모여 살던
숨결 온몸 젖어들어요

콩밭 잎새들 다 자랐건만
다시는 돌아보려 오시지 않는 울 아버지
그 그리운 가슴마다
속눈썹 이슬 속 머물고 있습니다

—「아버지」 전문

시인의 가슴 한켠에는 아버지를 아직 떠나보내지 않았을지도 모른다. 고향집의 나무들과 흙내음, 사유하는 모든 씨앗들이 자라고 있기 때문이다. 탈 관념의 시대적 변화무쌍한 조류에 접근하지 않으면서도 목가적인 시적 의미는 감동을 주고도 남는 심경을 토로함이 전달된다. 그 아버지는 영원히 금성산 산자락아래 콩밭 논두렁 노을빛 들길 따라 굽어 치기 때문이며 어버이 사랑 앞에 자신도 어느새 그 길을 걷고 있다는 묵가적인 세월의 흔적이 보인다.

어린 시절 형들과
풀 베고
소 풀 먹이던 유년의 추억
황매산 철쭉 평전
초로의 나이 깊이 파고든다

긴 세월 능선마다 형형색색
철쭉 만개하여
알록달록 분홍빛 수놓았다
산천 물들이는 너, 꽃이여
능선 골짜기마다 벌 나비
철쭉꽃 속 남녀노소
시끌벅적 소리 내며
꽃과 함께 춤춘다

어젯밤 내린 이슬비
촉촉이 젖은 꽃잎
산들바람 살랑살랑

황매산 산들바람 봉우리마다
활짝 웃는
향기에 흠뻑 젖고
우리의 인생 무릉도원이었음
좋겠네

—「황매산」 전문

그의 인생자화상은 매우 샤프하면서도 낙천적인 건강하고 단아한 성품을 지니고 있어 문과 무의 세계를 조화롭고 여유 있는 방향으로 선호하면서 현재의 직분에 멈추지 않고 끊임없이 정진하는 까닭 또한 현대인의 정서함양과 시대적인 감성더듬이가 누구보다 발달되었다고 생각하는 바이다.

황매산의 기품과 꽃의 절창 속에서 고향애수에 대한 절절한 울림이 연연마다 동심의 추억서린 아득한 푸름이 배어난다.

긴 세월 능선마다 형형색색/ 철쭉 만개하여/ 알록달록 분홍빛 수놓았다/ 산천 물들이는 너, 꽃이여… 초로의 세월 살아가는 동안 많이 느끼고 부대끼며 살아온 흔적들이 황매산 시편으로 공감대를 형성하면서 시의 깊은 의미부여도 잔잔하게 유지할 수 있도록 한다.

황매산 산들바람 봉우리마다/ 활짝 웃는/ 향기에 흠뻑 젖고/ 우리의 인생 무릉도원이었음 좋겠네 라는 시의 본질에서 내 안의 나를 찾고 무념무상의 모티브(motive) 즉 안식을 기원하는지도 모른다.

「막걸리」에서는 한동안 잊고 살았던 연륜을 실감하는 것이 아닐까? 술은 예술의 원초적인 뿌리로부터 시작되었다. 어디를 가더라도 막걸리에 대한 예찬론은 빼놓을 수 없는 주제가 아닌가한다. 합천과 서울 도심을 연결하는 인생야사(人生野史)가 한잔 술에 취하듯 여유롭게 풀어가고 있다.

잔잔하게 젖어드는 연주소리
바삭한 파전 향 어우러져
입안에 퍼지는 달콤함
막걸리 한 사발에 분위기 취하네

서산 노을 지고
막걸리 향기 절절하게 취기 오르니
들뜬 가슴 샘솟아 하늘 가로 지르네

산새들 지지배배 짝 맞추어 덩실덩실
그리운 마음 가슴에 묻고
빛바랜 청춘 담아 회자해 보련다

—「막걸리」 전문

시인의 서정과 낭만의 세계는 아직도 고향 언저리에 달빛처럼 걸려 있다. 바삭한 파전 향 속에 기다림의 끝이 있는 것처럼 막걸리 한 사발에 그리운 사람들이 젖어들고 있을지도 모른다. 사람들은 회자정리(會者定離)의 갈림길에서 모두 쓸쓸한 이별과 다시 만남을 갈구하면서 살아간다. 음유시인의 막걸리 시편에 녹아드는 화해와 성토의 걸쭉한 취기에 우리네 삶도 묻어난다. 자연과 풍경 그리고 감성을 노래하는 시인은 막걸리 독자들과 풍요를 누리는 그 날을 기다리면서 녹녹한 심사를 잠재워보는 시편이다.

이곳에서도 시인은 사색의 오솔길을 다시 「그리운 고향」에서 만나본다.

이 시를 접할 때 문득 떠오르는 시가 클로즈업되어 인용해보면 그리운 바다 성산포의 이생진 시인의 시편 중 삼백육십오 일 두고두고 보아도 성산포 하나 다 보지 못하는 눈, 육십 평생 두고두고 사랑해도 다 사랑하지 못하고 또 기다리는 사람, 시인의 고향은 수많은 추억이 산처럼 켜켜이 쌓여 있다. 선조들의 유서 깊은 선산과 자연의 풍미는 태어난 고향의 가장 큰 선물이라 하겠다. 이 얼마나 아름답고 고귀한 영토가 바로 청정도량이 아닌가 싶다. 그만큼 그의 발원지는 시의 고향이자 모태의 젖줄임을 강조한다.

2. 자연과 소통, 끝없는 전원의 진수(眞髓)

손영채 시인의 독창적인 시세계는 사뭇 진지하면서도 경이로운 면면들이 눈길을 끌고 있다. 이 한 권의 시집 상재가 전하는 순수미학은 일반 사람들이 추구하는 내면 구도를 잘 살려 겸허하고도 세세한 관찰력에서 관조의 시적 화자가 언어의 본질을 맛깔스럽게 우려내는 지혜의 산실이 아닌가 한다. 어른아이의 심경으로 돌아가고픈 때 묻지 않은 초연함에서 진지함마저 감도는 묘한 마력에 깊이 빠져들고 있다. 그가 전달하고자하는 시적의미는 진지하면서도 소박한 고전적인 시풍과 현대적인 시각성에 예리한 공동체가 있음에도 불구하고 자연성(自然性)으로 근접한 영혼의 포에지(poesy) 시적 달란트를 충분하게 내포한다. 학창시절부터 시에 대한 뜨거운 열정과 자연 예찬론은 시각적 청각적 미각적 후각적 촉각적 이미지와 등등 팔색조의 감성더듬이를 골고루 갖추었다고 해도 과언이 아니라 하겠다. 쉽게 쓰면서도 자신만의 숭고한 낭만가객으로 파격적인 한시의 주체성을 뿌리 깊이 내린 강원도 영월의 전설로 불리우는 풍자와 해학의 방랑시인 김삿갓이라면 합천을 고향으로 둔 시인의 황매산 연가는 구구절절 연연마다 애환의 질곡들이 죽장처럼 짙게 드리워져 있다.

「두물머리」 시편은 양수리 남한강과 북한강이 만나서 하나로 연결되는 시적화자다. 두 강물이 만나는 접지점에서 시인은 다시 한 번 자연과 인생의 무상함과 무채빛 그리움이 다시 한 번 물굽이에서 펴 올리고 있음이 역력하다.

겨울 문턱으로 들어선 바람의 노래/ 오색 물들인 나뭇잎들/ 바람 따라 바스락 바스락 뒹굴고 있네/ 길 옆 가로수 울긋불긋 고운 옷 벗어버리고/ 앙상하게 남아 있는 가지 사이/ 한 잎 매달려 하느작하느작 몸부림치다/ 남한강 북한강 물줄기/ 은빛 물결 따라 반사하면서/ 두 마음 두 갈래로 번진다/ 강물 따라 하염없이/ 모퉁이 돌아서보니/ 저 멀리 바라보이는 산마을마다/ 무채색 옷 입고 유혹하는 듯/ 산 숲 능선 따라 서로서로/ 얼싸안고/ 은밀한 사랑 달구어가는/ 강 건너 등불처럼/ 사무친 그리움에 젖어 울고 있구나 —「두물머리」 전문

우리나라 시의 주제는 대부분 고향 사랑 부모 가족 이별 회한 고독 기다림 등이 주류를 이룬다. 시인의 시의

대상도 지나치지 않으면서도 훈훈한 질화로처럼 서서히 독자들로 하여금 생가슴 톡톡 건드리는 순박하고 진솔한 무기를 지니고 있다는 점들이 손영채 시인만의 시인정신이요 그만의 무궁무진한 시적 창구가 아닐까?

높고 파란 천고마비의 계절
느티나무 그늘 아래 누워 하늘 바라보니
세상사 내 품 안에 들어와
불 지펴 놓은 것 같네

서늘한 그늘 황금들판 풍월소리
참새 떼 날아들고 들녘 허수아비
흔들흔들 춤추고 노래하네
… (중략) …
눈보라 휘몰아쳐도
북풍한설 시린 겨울
까치집 언제나 변함없이
옛 터전 지킨다

—「정자 느티나무」 일부

화자는 정자 느티나무의 고즈넉한 상상의 나래를 펼치며 하늘과 땅, 만물의 이치를 간과하는 듯 대자연의 위대한 성향을 한편의 시로 화답하는 넉넉한 마음자리를 밑바탕에 깔고 있다. 공자의 지천명(知天命)처럼 하늘이 깊고 높은 뜻이 담긴 시인의 자연사랑은 에드거 앨런 포우(Edgar Allen poe)의 말처럼 자신을 창조하는 가장 인간적이면서도 가장 든든한 동행지라 생각한다.

다음 소개하고자 하는 시는 「쑥 버무리」다.

봄의 전령사 쑥 내음
이른 봄소식 전하네

생명력 강한 신비의 약초
산과 들 초록초록 옹알이하며
지천에 구석구석 널려있다

쑥 향 솔솔 집안 가득 메우고
우리 집 밥상 쑥 천지 되어
쑥버무리 오물오물 봄기운 먹는다

—「쑥버무리」 일부

이 작품은 봄을 가장 먼저 알려주는 딩동댕 연주로부터 시작된다. 그의 시를 탐닉하다보면 토속적인 고향의 순박하면서도 고요한 정서가 몰입이 되어 잠시 동안이라도 무아지경에 빠져서 제자리로 돌아오기까지 한 세월이 물굽이가 흐르는 듯 최면술에 걸리고 만다. 쑥 버무리는 일상 속에서도 흔히 접하는 풍경이지만 시로 화자가 되어 이렇게 민족의 정통성을 이어간다는 사실은 실로 놀라운 사실이다. 손영채 시인의 혜안(慧眼)의 끝은 어디인가 하고 반문을 하고 싶을 만큼 목가적인 심미안으로 마음을 훔치고 있다. 조용히 묵상하는 가운데 시의 나룻배는 황매산을 중심으로 굽이치고 있는 듯 여유롭고 유유자적(悠悠自適)한 생각의 도(道)에 당도하고 있다. 다음은 「메밀 꽃밭」을 서술해 보기로 한다.

하늘길 멀고먼 남녘 산마을
문학 100리 길 따라
물어물어 찾아 나선 낭만시인

문학관 찾아 도착하니
붉은 연분홍꽃 황화 코스모스
미소 지으며 꽃등 들고 반겨준다

골짜기 따라 푸른 숲
메밀꽃 향기 그윽한 풀내음
벌 사위 입맞춤하는 시절 좋은 봄날

초록 수양버드나무
살랑살랑 춤추며 유혹하니
함박눈 내려 순백의 꽃 세상 아우르듯
메밀꽃 포송포송 피었네

메밀밭 한복판 볏짚 원두막
노랑 앵무새 조형물 파수꾼
방랑객 더위 말아 올리는
감성바다 메밀꽃 달빛 풍경

세속 때 묻은 신발 벗어던지고
사랑채에서 마시는 메밀차
온몸 품어 가슴 적신다

—「메밀 꽃밭」 전문

이효석 시인의 시적인 정서가 흐르고 있는 듯 산문시 같으면서도 배경이 메밀 꽃밭 시작품이라 그런지 단편소

설의 진면목을 보는 듯한 메밀꽃 향기 더욱더 진하게 전해옴은 왜일까. 손영채 시인이 머무는 곳마다 가는 길목마다 시의 모티브(motive)가 은밀하게 구성되어 있지 않을까하는 의구심마저 들 정도로 「메밀 꽃밭」 시편에서는 전형적인 효석 시인의 작품과 시의 흐름이 낭만과 서정미학이 골고루 환상적으로 형상화되어 있다. 봉평 메밀밭은 글을 쓰는 모든 작가들의 발원지라 할 정도로 상상력을 동원하고픈 충동감이 맴돈다. 세속 때 묻은 신발 벗어던지고 사랑채에서 마시는 메밀차 온몸 품어 가슴 적신다. 시인은 오래전부터 시의 세상과 더불어 살아왔는지도 모른다. 한 편 두 편 작품을 접할 때마다 생경하게 다가오는 창작의 순수하고 따스한 시세계에서 전문적인 지금까지의 삶과는 전혀 다르면서도 어쩌면 합일치 되는 부분들도 많다는 사실을 감지하곤 한다. 이성과 지성 감성 품성 골고루 향유하면서 자신의 정체성을 탄탄하게 쌓아올리는 일은 누구도 흉내 낼 수 없기 때문이다.

다음은 간결하면서도 의미부여를 강인하게 전해주는 「별.1」 시편을 관철해 보도록 한다. 특히 신인문학상 수상작품으로 화자가 될 만큼 좋은 작품이라 다시 한 번 다루고자 한다.

청강사 저녁 예불
타종 소리
땅거미 짙게 내리는 밤

어두운 하늘
별빛
처마 끝에 머물고

작은 아이 하나
어둠을 안고
별 바라기 한다

허공에 달린 꿈 찾아
기도하는 두 손
초롱처럼 걸려 있다

—「별 I」 전문

허굴산 가는 길목에 청강사 암자를 만날 수 있다. 시인의 가슴에 뜨는 별 하나 청강사 허굴산 길섶마다 불 밝혀 주는 듯 벚꽃이 장관인 수려한 산새가 시인의 발목을 잡고 놓지 않았을 듯 청강사 한 폭을 시편에 옮겨 놓았다. 부처님 예불소리와 별빛 걸린 암자, 작은 아이 하나, 어둠을 안고 별 바라기 한다. 라는 대목에서 무엇인가 탁, 치는 내면의 소리가 감전되듯 찌르르 전율한다. 짧고 긴 여운을 주는 시편이라 녹음방초 우거진 여름날 감상하고 싶은 시편은 소년의 감성으로 어른이 된 지금에도 동자승의 모습이 클로즈업되는 작품이라 몇 번이고 되뇌이며 탐닉해본 작품이라 더욱더 눈길이 갔다.

3. 시의 발원지(發源地)를 찾아서 떠나는 언어의 인자(因字)

황산 손영채 시인의 광활한 시세계는 한동안 잊고 살아온 고향의 서(書) 같기도 하고 두고 온 그리움의 길을 거슬러 올라가고픈 화자의 그리운 유년의 발자취를 더듬으면서 갈증 나는 현시대의 무상함을 연결하는 감성세계를 더욱더 고취시키고자 언어의 장치를 여러 가지 빛으로 물들이는 천재화가의 붓끝처럼 그의 시적화자 또한 토종된장처럼 감칠맛 나면서도 묵은 김치처럼 깊은 맛의 풍미가 자극을 하고 그러면서도 도회적인 세련미까지 함축되어 있는 신비로움까지 겸비하고 있는 종합예술의 연금술사(鍊金術師) 같은 내공의 깊이가 대단한 시인임에는 틀림이 없다. 그는 지금까지 사회적인 유명인사로, 훌륭한 지도자로, 환경 활동가로 오늘과 내일로 향하는 도전정신 연결고리를 관철(Accomplishment)하는 목가풍의 작품성이 매우 진지하고도 창의적이라고 본다.

그의 고향 합천은 수려한 산세와 물 맑고 경치 좋은 고장이다. 또한 조선 중기 대학자, 남명 조식의 학문적 본거지이기도 하다. 그러기에 불의에 항거하고 올바름을 지향하는 남명 경의(敬義)사상을 마음의 등불로 삼고 실천하면서 성장했음이 자명하다.

합천 해인사는 익히 알려져 있는 고찰이며 주변풍광 또한 뛰어난 모태의 뿌리인지라 『황매산 연가』는 길이길이 역사의 한 페이지로 남을 것이라 확신하는 바이다. 그만큼 시인의 한생은 참 잘 살아왔다고 자부할 만큼 시인다운 풍모와 모든 조건을 골고루 갖춘 학자, 노련하면서도 때로는 소년 같은 홍안의 미소로 겸양지덕(謙讓之德)까지, 완벽한 그의 삶의 진미가 이채롭고 기대가 되는 바이다. 빼어난 글을 쓰는 작가보다 손영채 시인처럼 지혜롭고 슬기로운 인생을 풍요로운 감성과 지성을 노래하는 시인의 영혼이 더욱더 향기롭고 농축된 언어의 산실로 이끌어간다. 그 사람의 작품 속에서 내면세계를 읽을 수 있고 지금까지 살아온 자화상이 거울처럼 나타난다. 한 편의 시를 탄생시키기 위하여 각고의 노력과 땀방울의 흔적은 진실로 보석처럼 아름답고 독자들에게 꿈과 이상을 전해주는 징검다리 역할을 해주고 있다.

손영채 시인의 시세계로 점점 더 몰입해 보고자 한다. 편 편마다 감동을 주는 언어의 향기가 찜통더위를 시원하게 갈무리 해주는 역할을 톡톡하게 해주니 더없이 기쁘고 즐거운 일이 아닐 수 없다. 「꽃나무 두 그루」 소개하고자 한다.

우리 집 집 뜰 사랑나무
두 그루 심었던 날
온 가족 모두 함박웃음으로 맞이했다

연약한 몸체
영양거름 채워주면서
정성과 사랑으로 키우다보니
긴 세월 흘러
성긴 마음 우려내어
아름다운 꽃 피웠구나

건강한 나무 한 그루
푸르고 싱싱하게 잘 자라
튼실한 선물 같은 나무로 자라 주었지

그 어느 날

아름다운 자태 미색의 꽃 피우고 난 후
멀고먼 나라로 훌쩍 가버린 나무
사랑했던 나무야 어디를 가더라도
다시 태어나 사랑받고 사랑 주는
밑거름 되려무나, 진실로 고마웠어

―「꽃나무 두 그루」 전문

두 그루 나무를 정원에 심고 가족들 사랑받고 무럭무럭 잘 자라는 나무를 보며 시인의 정감어린 마음자리로 시가 되어 품안에 들어온 것이다. 얼마나 많은 사랑을 받고 자랐을까? 상상의 나래가 펼쳐진다. 사람의 운명처럼 나무의 생명도 소진할 무렵 시인의 가슴은 무너지듯 슬픈 마음을 시로 풀어냈으니 시인답고 사람 내음 물씬 풍기는 목가적인 사고관념이 뚜렷하게 묻어난다. 대화체로 담담하게 엮어가는 나무와 교감하는 이별의 아픔을 한편의 시로 승화시킨 성찰의 시편이다. 시는 바로 인격과 결부됨은 물론이거니와 교훈과 메시지를 전해주는 전통성과 풍교론(風敎論)의 의미도 부여된다고 할 수 있다. 시인이라고 해서 모두가 시다운 시를 쓰는 것이 아니며 기교를 부리고 세련된 언어를 사용한다고 명품시라고 명명하지 않는다.

손영채 시인은 시의 맛과 멋을 잘 반죽하는 요리사 같은 멋진 작가로 독자들에게 감칠맛 나는 생활시를 거점으로 고독하고 쓸쓸한 사람들에게 가슴 따스한 불씨를 지펴주는 시인으로 거듭날 것이라 생각한다. 시편마다 정이 뚝뚝 흐르고 있는 인간미에 푹 젖어드는 황매산 연가의 매력이랄까? 아무튼 시인의 시류에 많은 독자들이 관심과 사랑 기대감으로 가득 차 있어 생각만 해도 가슴이 뿌듯해짐을 느낀다. 자고로 진정성 있는 시인이란 명품 시도 중요하지만 기본적인 인간미가 먼저 시로 승화되어야 비로소 시인다운 시인이라 생각한다.

하여 손영채 시인은 시와 사람, 사회적인 인지도, 확고부동한 전문지식인, 솔선수범하는 봉사정신, 고향을 사랑하는 애향심, 문학인으로 등단입문한 모지에 대한 중요성까지 익히 파악하는 기본자세조차 겸비하였으니 그의 시세계는 더욱더 유지경성의 길에 접어들었다는 뜻이라 하겠다. 어떤 이들은 시가 아무리 수작이라 하여도 시에 대한 아무런 느낌이 다가오지 않을 때가 종종 있지만 그의 첫 시집 상재 시부터 등단작품까지 꾸밈이 없고 진지하면서도 보리피리 소리 같은 음색도 느껴질 정도로 시에 대한 순백한 울림이 해설을 쓰게 된 동기부여가 된다.

다음 시편으로 들어가 보자.

벽화 마을/ 눈꽃산행 모두 직설적이고 단아한 시적화자가 편안하게 읽혀지고 있어 낯설지 않다. 시를 이해하는 사람도 시를 읽은 사람도 서로 교감이 되고 가슴으로 읽혀지는 작품은 가까이에서 호흡하는 생태계의 흐름을 쉽게 탑승할 수 있기 마련이다. 시인은 벽화마을 작품에서 무심으로 지나치지 않고 있다. 눈꽃산행에서 피력하는 시의 화자는 참신한 시상과 해맑은 시의 어휘력이 참 좋다. 산행을 하면서 눈꽃의 아름다운 풍경에 취하여 한 수 읊어보는 언어의 정수(淨水)가 사고력을 다듬고 가다듬어 탄생시킨 시편이라 정감이 가고 이해도가 난해하지 않아

편하게 접하였다. 「수제비」 시편을 소개하고자 한다.

너른 기와집 돌담길 따라
호박 넝쿨 주렁주렁
사람 내음 솔솔
풍요로운 양식으로
시린 마음 달래준다

저녁노을 젖어들 무렵
밥 짓는 어머니 양손마다
밀가루 반죽 수제비 뜨는 손길
감자 호박 마디마다 어머니 사랑
정 깊은 수제비 반죽

아궁이 속 타는 장작
굴뚝 타고 넘나드는 뿌연 연기
기와집 처마 서까래 고향집 추억
까맣게 어둠까지 묻혀버리니
온 동네 적막한 밤
깊어 깊어만 간다

—「수제비」 전문

수제비는 보릿고개 시절 누구나 경험했던 어머니 사랑으로 빚은 음식이라 더욱더 감동을 주는 대목들이 눈길을 끌었다. 손영채 시인의 일상이 어쩌면 이리도 순박하고 고향집 추억이 중년의 연륜에도 고스란히 간직하고 있었을 시인의 감성세계는 한없이 여리고 순박한 영혼이 독자로

하여금 그 시절을 끌어올리는 두레박 역할을 하고 있다.

너른 기와집 돌담길 따라/ 호박 넝쿨 주렁주렁/ 사람 내음 솔솔 / 풍요로운 양식으로 / 시린 마음 달래준다. 수제비는 배고픈 시절의 추억담과 밀가루 반죽의 묘사가 풋풋한 농촌의 드라마 같은 연출을 보여주는 듯 눈시울을 울컥하게 만드는 인자를 반추해주는 서정을 노래한다.

아궁이 속 타는 장작/ 굴뚝 타고 넘나드는 뿌연 연기/ 기와집 처마 서까래 고향집 추억/ 까맣게 어둠까지 묻혀버리니/ 온 동네 적막한 밤/ 깊어 깊어만 간다. 시의 온도를 달구는 일보다 시와 호흡하면서 잠시 동안이라도 타임머신을 타고 회귀하는 묘사에 젖어들고 싶은 수제비, 오랜만에 접해본다.

다음 시편은 친구의 우정을 조각해보고자 한다. 그의 작품들은 어느새 편 편마다 서서히 몰입 과정에 빠져들게 하는 관조의 기법을 잘 살려내고 있다. 수제비에 이어 친구 단어만 들어도 얼마나 아련한 추억이라는 호숫가를 맴돌게 하는지 시의 혼은 사람의 허허로운 마음까지도 잠식하는 마법이 진정 배어 있기 마련이다. 그 어떤 기교도 부리지 않으면서도 눈길 가는 시편에 재미를 느끼게 된다. 그는 진정한 시의 기법과 시를 자유자재로 부릴 줄 아는 연금술이 노련한 시인이라는 사실을 다시 한 번 각인시켜주는 작품이라서 몇 번이고 곰삭여 보게 된다.

친구란 두 글자
생각만 해도 가슴이 뭉클하다

깊은 정 나누며 웃을 수 있는 친구
형제 같고 연인 같은 친구
따뜻한 하숙방 아랫목
서로 눕기 위해 뒤엉기며 투덜투덜
시시콜콜 수다 떨던 꼬꼬마 친구

세상 살아가기 위해 아웅다웅하다
건강 잃어버린 친구
세상 등진 후 별나라 떠나버린
내 친구 보고 싶다

그때는 왜
친구의 소중함 몰랐을까
휑하게 패인 빈자리
사무친 그리움에 눈시울 붉어지네

—「친구」 전문

금방이라도 하늘여행길 떠난 친구가 손 흔들며 다가올 것 같은 형식의 순박하고 진솔한 시편이 심금을 울린다. 시는 자신을 대변하는 영혼의 울림을 그대로 전달하는 우체부 같은 역할을 하고 있다. 우리 모두의 친구를 생각하게 만드는 때 묻지 않은 우정을 삶의 무대 위에 펼치고 있는 점들이 시인만의 독특하고 개성 있는 언어의 무기가 아닌가 싶다. 이 시를 읽은 독자라면 누구나 오랜 친구처럼 공감하고 싶은 시의 운율이 참 좋다.

그때는 왜/ 친구의 소중함 몰랐을까/ 휑하게 패인 빈자리/ 사무친 그리움에 눈시울 붉어지네/ 손영채 시인의 삶은 팔색조의 현란한 빛이었다가 다시 친구에 대한 아련한 추억을 떠올리며 눈시울 붉어지는, 절절한 우정을 용해시키는 마지막 연에서 잘 나타내고 있다.

현시대는 코로나 팬데믹 현상으로 대부분 예민하고 정서적으로도 불안한 시점에 머물고 있어 시가 다소 무겁고 난해한 방향으로 설정이 되지 않을까 염려가 되었지만 손영채 시인의 탄탄한 시적화자는 한 치의 흔들림 없이 시에 대한 자부심은 남다르다고 볼 수 있다. 시를 많이 읽고 많이 쓰고 무수한 경험으로 인하여 도도함마저 느낄 정도로 의연하고 함축성 있는 무아경(無我境)에 푹 젖어 있을 법한 불성(佛性)의 원력이 동하는 것처럼 시어와 화자의 전달이 구도적인 면보다 일상에서 공감대를 형성하는 정도의 길을 묵묵히 걸어가는 듯 달관한 마음이라 하겠다. 「연등불사」 시편을 소개한다.

석가모니 부처님 오신 날
대웅전 전각 경내
장엄한 연등, 성불하소서

자비의 부처님 지혜의 빛
불자들 손발 닳도록
저마다 간절한 소망 담아
연등공양 올린다

삼독심(三毒心)으로 연등 밝힌
무명(無名) 대자대비(大慈大悲)
모든 중생 소원성취 하시고

무량공덕(無量功德) 이루소서
중생소원 무엇인들 못 이루리오
올바른 선행(善行) 삶 속에서
참 불자 되기를 간절히
빌고 비나이다

—「연등불사」 전문

위의 시편은 부처님 사상을 잘 표현한 자아성찰의 도(道)를 잘 구현하고 있다. 예불을 통하여 불성의 깊이와 인간애의 큰 줄기가 인식에서 기원으로까지 승화된 사유의 세계를 혜안의 도구로 잘 활용하면서 순리대로 잘 이끌어간다. 그의 육신은 정신세계를 지배하는 참선의 해탈의 경지를 넘나드는 불심이 깊고 넓게 차지하고 있으며 그가 발원하고 구현해야 할 휴머니즘 사고관념은 모든 세속의 번뇌와 고통, 이승의 아픔까지도 명상과 묵상으로 치유하려는 암시적인 의도가 다분히 내재되어 있다는 뜻이다-유유자적 보리심, 극락왕생 성불(成佛)하는 시의 기원 앞에 숙연해진다.

4. 시의 본질과 영원한 고향의 서(書)
— 시는 언어의 예술이자 시심의 고향이다

손영채 시인의 전반적인 시의 형태를 서술하면 순수서정과 가식 없는 진솔한 서사, 인간세상과 자연의 교감, 고향에 대한 그리움과 회상의 교향곡을 한 권의 시집을 통하여 오케스트라를 연주하듯 지금까지 묵혀두었던 추억을 소환하는 도구로 담금질하는 듯 이채롭다. 시와 언어와 시어(詩語, poetic diction)라고도 한다. 그의 시는 쉬운 것 같으면서도 시의 주체성이 확고한 목가시인이자 서정 시인이다. 한 편 두 편 시의 속살을 들추다보니 도회적인 팍팍한 인간사에서 특별한 미사여구(美辭麗句) 없이 이끌어가는 시세계는 그가 살아온 삶의 표본이기도 하다.

첫째 기교가 없어서 좋다. 반어, 풍자, 역설, 직설, 등등 다양한 표현기법을 사용하지 않아도 그만의 개성 있는 언어의 전달이 요즘 시대에 걸맞은 자유시, 혹은 자신만의 시법이라 하겠다.

정화된 시어 군더더기 없는 화자의 세계가 긍정적이면서도 건강한 시, 현실적이면서도 편안하고 부드러운 시와 더불어 일체유심조(一切唯心造) 그만의 진리 속에서 묵언 수행(默言修行) 하는 영혼의 혼연일치(渾然一致)가 되기를 희망하는 시인의 메시지가 아닐까 한다.

시인의 작품세계는 '자아'라는 현시점을 기준으로 고향이라는 정점을 두고 탐색하는 도구로 삼고 있다. 황매산의 기막힌 절경에서부터 대부분 모체가 홍안의 소년의 때 묻지 않은 마음자리와 자연에 대한 찬미, 즉 자연탐구 동심의 나래를 곳곳마다 펼치는 시의 소재가 단조로우면서도 순박한 단어들이 주류를 이룬다. 사모, 사부곡 산, 꽃, 바람, 길, 나무, 친구, 종교, 그리움, 헤아릴 수 없이 다양한 시의 이미지를 포괄적으로 활용하고 있다는 점이다. 손영채 시인의 고향예찬은 그 지고지순한 사랑이 자비와 박애 사랑이든 그만의 인간미가 넘치고 있다. 「붓 들고」 시편을 살펴보자.

슥삭 슥삭
벼룩에 먹 갈면
차분해지는 마음
유유자적하다

화선지 위
가로 세로 긋기로부터
점, 선, 획, 길고 짧게 예술이다
굵고 가늘게, 강하고 약하게
쉽지 않는 서체 앞에 정신줄 모은다

한 획 두 획 차근차근
지필묵 벗 삼아
세속 일 잠시 내려놓고
묵상의 손끝 힘 주다보면

칠흑 같은 야삼경에도
내사 외롭지 않네
다시 밝아오는 아침
화사한 햇살 아래
황홀한 서체 환생하려나

—「붓들고」 전문

황산 손영채 시인의 작품들은 저마다 각기 다른 얼굴로 그림을 그리고 있다. 묵향의 그윽한 유혹에 젖어들어

야삼경 어둠에도 필목의 카타르시스를 홀로와 더불어 누리며 혼신을 다한 서체에 녹여드는 그만의 예술세계는 우주의 기운을 불러 모으는 괴력을 지니고 있는 것이 아닐까 한다. 전문직에서 선두주자로 시에서 서정성 짙은 문필가로 붓의 강인한 마력에서 그는 점점 더 고차원적인 예향의 온도를 달구고 있는지도 모른다.

다음은「방긋이 미소 짓네」시편을 음미해 본다. 시란 아름답고 매끄럽고 고운 선을 지닌 만들어진 기교가 중심이 아니라는 것을 대변해주는 작품이 아닐까한다. 흔히 제스처를 쓰는 굵직하고 철학적이면서도 조각 같은 단아한 이미지보다 평이하고 보편적인 주제로 풀어가는 대목들이 낯설지 않은 작품이라 하겠다.

내 고향 가는 길목
고불고불 언덕길에서
내 안의 나를 만난다

수려한 황매화 숨결 속에
피어나는 빛나는 자태
찬란한 봄 햇살처럼
노란 미소로 반겨주는 꽃
몽실몽실 잘도 피었네

무르익어가는 봄, 봄
코끝에 머무는 향기
지친 마음 달래주며
방긋이 미소 짓는다

꽃송이 송이마다 비에 젖어
바람에 살랑살랑 어여쁘다
그윽한 고향내음에 취한 듯
무릉도원이 따로 없다

—「방긋이 미소 짓네」 전문

그는 동적(動的)인 시편보다 정적(靜寂)인 감성이 더 많은 부분을 차지하고 있다. 시시때때로 어른아이의 동심으로 완벽하고 철두철미한 현실세계에서 잠시 일탈을 꿈꾸듯 시적 화자의 '나' 즉 주관적 자아보다 객관적 자아를 설정하고 상징적인 기업보다는 시적 서정성을 토대로 자연스럽게 이끌어가는 창작의 세계는 쉽지 않은 선택의 소지가 다분히 내포되어 있다. 흔한 것 같으면서도 속 깊은 내면에 투영된 본연의 모습은 손영채 시인만의 뚜렷한 색채이기 때문이다. 그의 작품을 대하면 술술 넘어가는 동동주와 같고 평상에 앉아서 도란도란 모닥불 피워놓고 군밤을 구워먹는 철부지 유년의 추억을 되새김하는 소싯적 동화적인 순백한 정서가 좋다.

시인의 무릉도원은 화려하고 윤택한 생존경쟁의 일인자가 아닌 고향의 향수를 그리워하고 황매산 꽃향기에 매료되어 마지막 인생의 둥지는 심산유곡 소쩍새 노래하는 산정의 영토가 아닌가 한다. 순수를 지향하는 서정성과 낭만의 골짜기에서 사사시철 시의 구도를 음미하는 진실이라는 탐색전을 성숙한 시적화자로 걸림 없이 자연친화적인 감성의 정원으로 초대하는 심성이 따스하고 속 깊은 시인임에 틀림이 없다.

다음 시편은 「꽃잎」에서 시인의 면모를 더듬어 보자.

만개한 너의 자태
그 어느 봄날
나 찾아오거들랑

그대 못 잊어
산 넘고 물 건너
달려간 줄 알거라

바람길 따라
한 잎 두 잎 젖어드니
잎새마다 오색실 수놓는다

그 꽃향기 취하여
눈웃음 요동치니
나를 향해 어서 오라고
손짓하는 그대
너, 꽃잎이여

―「꽃잎」 전문

위의 시는 섬세하면서도 여리디 여린 꽃잎의 상징을 잘 그려놓고 있다. 시와 그리움의 조화를 그림 그리듯 조심스럽게 승화시키고 있음을 말해준다. 그의 시에는 밀물과 썰물 같은 보이지 않는 순정과 그리고 애틋한 존재의 묵시적인 고독이 촘촘히 묻어나는 것은 왜일까. 진지하면서도 담시(譚詩)같은 엘레지가 평범한 일상을 톡톡 터치하고 있어 생경하고 감미롭다. 여류시인의 작품도 이처럼 곱고 여리고 순박한 시어를 품어내기 힘든 순수서정시라 하겠다. 마지막 연을 살펴보면 눈웃음 요동치니/나를 향해 어서 오라고/ 손짓하는 그대/ 너, 꽃잎이여…

서정주 시인의 「국화 옆에서」 와 김춘수 시인의 「꽃」의 의미를 떠올리게 하는 작품이라 더 정감이 가고 성숙된 삶의 고요하고 정감 있는 상징하는 꽃잎의 모티브(motive)로 자연스럽게 접근하는 어원이 함축되었다고 생각한다. 아무튼 시인의 시집 상재에서 그 사람이 살아온 내공의 깊이와 탐구의 예술적인 감각이 현실과 더욱 더 가까워진다는 생각이 신선하게 밀착되고 있다.

다음에는 손영채 시인의 고향정기가 용솟음치는 가야산 「해인사」 시편을 열어본다.

세계 문화유산
살아 숨 쉬는 세계기록 명승의 터전
가야산 해인총림에 다다르다

팔만대장경 숨결이 머무는 곳
3보(불, 법, 승)중 법보 사찰
쌍무지개 반겨주던 국보 32호
5천년 역사의 중심에 우뚝 섰다

한 민족의 애환이 곳곳마다
서려 있는 해인사 전경
삼복더위에도 불구하고
암자 한켠에 삼보하니
장풍지지 부럽지 않다

산수화를 그려 놓은 듯
노송과 금송 황송의 절창
풍류가객 김삿갓 시인도 반하여
기막힌 풍월 쏟아놓지 않을까

수려한 내 고향 합천
해인사에 소장된 불교경전
전국 방방곡곡에서 끊이지 않는
관광객들 탄성소리 하늘끝자락 닿는다

민족의 염원을 담아 한 자 한 자
정성과 땀방울로 판각된 우주에서
가장 정교하고 완벽한 대장경

자랑스럽고 위대한 문화유산
천년이 지나고 만년이 지나도
영원무궁하여라 불국토 해인사
만사형통 소원성취 성불하소서

—「해인사」 전문

손영채 시인의 고향 명소 해인사를 빼놓을 수 없듯이 그의 시집 중에서 웅장하고 경건한 시의 고산지가 바로 이 작품이 아닐까 할 정도로 한 권의 역사소설을 읽어 내려가듯 묘한 기운이 뇌리를 스친다. 그의 문학적인 감성은 여러 각도로 각색하고 있어서 일심으로 마음을 가다듬고 작품 속으로 몰입되어 간다. 잠시 더위도 잊은 채 해인사의 불성과 짧은 한 편의 시 속에서 많은 것을 익히고 있다는 사실이 놀랍다. 그는 인생의 노련한 연륜에도 불구하고 시를 통하여 삶의 진리와 진취적인 선비정신이 품성과 지성을 뒷받침 해주고 있으며 지금까지 잘 살아온 세월만큼 든 사람 된 사람 난 사람의 덕목을 골고루 갖춘 시인이라는 생각이 점점 더 뿌리를 내리고 있을 만큼 오랜 습작기를 거쳐 문학의 끈을 탄탄하게 동여매고 있다. 시인의 인본주의(人本主義) 사상은 해인사 작품에서도 역력히 표면화된다. 그의 탄탄한 족적은 거의가 금의환향(錦衣還鄕)할 것이라 예측할 것이지만 작품에서 찾아본다면 일석이조(一石二鳥)의 기쁨을 가득 안고 고향을 향하여 회귀한다는 뜻이 더 가까울 것이라 생각한다. 해인사 작품 마지막 연에서, 민족의 염원을 담아 한자 한자/ 정성과 땀방울로 판각된 우주에서/ 가장 정교하고 완벽한 대장경/ 자랑스럽고 위대한 문화유산/ 천년이 지나고 만년이 지나도/ 영원무궁하여라 불국토 해인사/ 만사형통 소원성취 성불하소서/ 단면을 해부해 보아도 성찰의 기원은 그만의 원동력이자 시적 발원지로 표적이 될 만큼 교훈적이고 아름다운 인생의 행로가 준비되었다.

5. 로맨티스트(romantist)의 고독한 자화상

손영채 시인의 삶의 철학이 매우 궁금하고 달관적이면서도 낙천적인 면모 속에 분화구 같은 뜨거운 열정의 불꽃들이 잠재의식 속에 내재되어 있지 않을까 하는 마음도 꿈틀거렸다. 가장 현실적이면서도 가장 낭만적인 풍미를 즐길 줄 아는 고향이라는 화자의 귀소본능(歸巢

本能)에 적합한 체온을 지닌 순수문학의 정점을 이루는 시인다운 시인의 이름으로 독자들은 물론 삶의 영토에서도 주옥같은 언어의 씨앗을 생산하기 바라는 마음 불변이다. 어린 시절의 추억이 메마른 사람은 지극히 불행하고 쓸쓸한 노후를 맞이하게 된다. 힘들고 지칠 때마다 꺼내볼 아무런 자산가치가 텅텅 비었기 때문이다. 시인은 그만큼 지나온 삶을 풍부하고 넉넉하게 자양분을 축적시키며 자기만의 윤택한 공간이 준비되어 왔지 않을까 한다. 글은 사람이라는 뷔퐁(Buffon)의 말과 글이 결코 분리될 수 없다는 뜻에서 나온 어원이다. 보통 작가들은 자신의 일상을 적나라하게 표현하기보다 은둔형에 가까운 형식을 취하며 솔직성보다는 그림자로 묻어두고픈 의인화법을 쓴다. 즉 기교나 표현의 처리로 각색하고 만다. 더군다나 상징성이나 비유법에 의존하여 작가 자신보다는 독자들이 황망한 생각으로 허상을 더듬기를 바라는 데서도 단초가 될 수 있는 여지가 있음에도 손영채 시인의 시세계는 시의 설정구도 자체가 흥미롭고 달달함 보다는 인생여정의 폭을 넓히고자 자연과 부모, 생활 속에서 관조의 깊이와 구성을 표면화시키는 것이 아닌가 싶다. 시인은 삶이라는 공동체에서 수원지와 같은 역할을 하면서 객관화보다는 자신만의 의지와 창의력으로 빈 여백을 채워가는 솔선적인 시의 창작법을 연마하는 시인이다. 첫 시집 상재이니만큼 오랫동안 이루지 못하였던 꿈을 실현하는 중요한 시점이다. 앞으로 기대가 되는 시인이자 한국문단은 물론 등단 입문한 월간『문학세계』임원진으로, 사)세계문인협회 이사로 당당하게 검증받은 문인으로 등재된 것을 가슴 뿌듯하게 생각한다.

다음으로 「당신」의 작품세계로 들어가 본다

내 생애 단 한번
반짝이는 별빛처럼
참말로 고운사랑 하나 있었네

언어로도 형용할 수 없는
무채감도의 화석처럼 선연히
떠오르는 산빛 그리움에 젖어
수평선 위에 철썩철썩
파도치며 달겨든다

해 뜨면 그대 모습 차올라
내 마음도 두둥실 끝없이 실려 가누나

—「당신」 전문

손영채 시인의 가슴은 사시사철 그리움의 불꽃이 꺼지지 않는다고 본다. 시의 농도가 익어갈수록 시의 체온이 상승할수록 그는 언어와 함께 한없이 사랑의 미로를 향해서 줄다리기 하는지도 모른다. 자연과 사람, 사람과 자연의 거리를 점점 더 좁혀가고 있으며 당신이라는 화자의 표상이 얼마나 깊은 우물처럼 응집되어 있는지 하나의 순환 고리를 이루는 작품이다. 이번 시집에 수록된 113편 중에서 서정과 낭만 감성시가 주류를 이루고 있을 만큼 시어들이 시원시원하고 그 어떤 화려한 수식어 없고 겹겹이 감추어진 옷을 껴입지 않아서 좋다.

언어로도 형용할 수 없는/ 무채감도의 화석처럼 선연

히/ 떠오르는 산빛 그리움에 젖어/ 수평선 위에 철썩철썩/ 파도치며 달겨든다. 당신이 부여하는 화자는 누구일까? 그러나 확고한 명답은 없지만 그렇다고 밀실에 가두어둔 당신은 더더욱 아닐 것이다. 무채감도의 화석처럼 선연히 떠오른다는 산빛 그리움, 그 고운 사랑이 산과 바다 아침햇살 등을 바탕으로 의미를 각인시키는 작품이다. 그 다음 작품으로는 고향의 사계절을 노래하는 봄여름가을 겨울의 시편들로 구성된다. 봄은 봄의 빛으로 물들고 여름은 감로수 같은 버드나무 시냇물 등, 고향의 단편극 같은 화제로 물결을 이루고 있어 술술 읽어도 익숙하고 편안한 휴식처 같은 느낌을 줄 정도로 시인의 마음도 성숙한 시점이 되지 않았나 싶다. 봄이 지나면 여름이 오고 여름이 지나면 가을이 오고 다시 겨울이 어김없이 찾아온다는 것을 화자는 너무도 잘 알고 있고 계절의 변화무쌍한 그림들이 시간의 흐름 속에 순응하고 있다는 암시를 주기 때문이다. 그의 시편들은 안락의자에 앉아 샹송을 들으며 은유하는 고고한 생활상을 누리고 있다. 불교의 교리 가운데 윤회사상은 시간과 세월의 흐름은 환영이라는 관점에서 시작된다는 뜻이다. 시인의 겨울은 황량한 바람이 불어서 고독하고 쓸쓸하다. 그러나 소생을 기다리는 봄여름 가을이라는 연동작용이 그를 더욱더 생경하고 푸르게 만드는 가교 역할을 한다는 사실이 사계절의 커다란 이슈로 남는다. 그만의 계절은 사모의 늘 푸른 들녘인지도 모를 정도로 신선한 산들바람풍이다. 손영채 시인의 시집을 접하는 동안 비발디(Vivadi)의 사계 감성과 서정 낭만의 환상적인 클래식과 혼연일치가 될 정도로 계절의 초연한 시편들이 일상생활에서 친숙하게 다가오는 언어의 묘미 때문일 것이다. 자고로 최고의 베스트셀러는 작품이 뛰어나고 훌륭한 작품성도 좋지만 독자들에게 공감대를 형성하고 남녀노소 불문하고 연령을 넘어선 대중적인 요소를 중심으로 익숙하게 접할 수 있어야 한다. 그 외 2부에서 오월장미, 봄바람, 철쭉꽃, 하늘비 등도 사람과 자연 속에서 어우러지는 순백하고 진솔한 시편들이다.

제3부로 들어가 본다. 바람과 구름의 화두를 서두로 시인의 또 다른 시세계로 몰입하는 은유의 날개를 펼친다. 보통 시를 쓰는 사람은 스스로 자신의 영역을 구축하면서도 본인의 이름 석 자를 빛으로 물들이며 광채를 발하는 별빛과 같은 자화상을 빚으며 절차탁마(切磋琢磨)하는 올곧은 자세로 이승의 마지막 그날까지 자리매김하는 것이라 생각한다. 즉 손영채 시인과 같은 무서운 자생력을 겸비한 소유자는 흔하지 않은 일이다. 나름대로 나이만큼의 주어진 직분에 최선을 다하고 나아가서는 인생 2막 또한 문학인으로 진로를 전향하는 추진력과 뛰어난 감수성이 대단한 시인이다. 시인이란 선비정신의 표본이요 장원급제의 정통 코스를 입성한 당당한 문인의 대열에 우뚝 섰다. 한국문단은 물론 문학세계를 빛내는 조신하고 열정적인 시인으로 역할을 할 것이라 생각하며 다방면으로 흠잡을 데 없이 따뜻한 인품이 그대로 작품세계에 묻어나고 있다. 「초록 비」를 소개하고자 한다.

노을이 짙어가는
봄 밤 풍경

장마와 태풍소식
시시때때로 쏟아지는 빗줄기
은밀하고 이채롭다

옛 추억 앨범 들추면
기억의 저편 너와 나
그 자리에 머물러 있다

봄비에 젖은
파릇파릇한 풀잎마냥
아이처럼 좋다

비 그칠 무렵이 오면
자박자박 걸어올 것 같은
가을 안부 벌써
설레는 가슴 먼저
빗물에 젖는다

—「초록 비」 전문

손영채 시인의 부드럽고 여린 감성은 언제나 풋풋하고 즐겁다. 「초록 비」라는 제목부터 정갈하게 클린 되어가는 느낌으로 스며든다. 비라는 언어는 화자의 사색의 창에 초대를 받아 추억을 꺼내보며 담소를 나눔 하는 동시 같은 시편이다. 그는 편 편마다 고향산천을 늘 대입시키고 있으며 예리한 시선으로 사물을 관철하는 정밀하고 투명한 정서를 독자들에게 전달해주는 비의 화신이 아닌가 싶다. 자박자박 걸어올 것 같은/ 가을안부 벌써/ 설레는 가슴 먼저/ 빗물에 젖는다. 끝 연에서 만나는 비의 연출은 참으로 경이롭고 단아하여 단편 드라마를 감상하듯 마음까지도 씻어진다. 다음 「북한산의 봄」 시편을 감상해본다.

노란 산수유 꽃
배시시 실눈 뜨는 계절
인수봉 산자락 진달래
흐드러지게 피었다

그윽하게 유혹하는
꽃향기 계곡마다 얼쑤 덩더꿍
봄바람 춤춘다

솔바람 풀내음 솔솔
꽃물 드는 어른아이 같은
내 마음 북한산 자락에
흠뻑 젖었다

—「북한산의 봄」 전문

손영채 시인은 비와 꽃 그리고 그리움의 바다를 떠날 수 없듯이 마냥 유년의 세계로 소환되는 것 같다. 시를 많이 읽고 많이 쓰고 어린아이가 옹알이를 하듯 어른이 되어서도 늘 마음은 동심으로 한시도 떠나질 않는다. 자연은 곧 그 사람의 삶의 빛깔이며 내면에 꿈틀거리며 솟아오르는 잊혀지지 않는 홍안의 소년의 추억의 뒤안길을 지금도 유유히 걷고 있는 것이다. 「북한산의 봄」에서도 그는 시인의 눈으로 그냥 지나치지 않고 있다. 누구나 공감대가 형성되고 북한산을 오르내릴 때 접해보는 글이다. 화자는 스스로에게 길을 묻고 선문답을 하며 자연과 대화로 풀어가는 특별하고 독특한 창작이념이 뛰어나나 시인이다. 바람과 구름, 비우고 내려놓기 연습을 하는 철학자처럼 그의 시편은 평범한 시의 자화상 같으면서도 자신의 번뇌도 시공을 뛰어넘는 북한산의 봄과의 사이에 머물러 있지 않을까한다.

다음의 시는 몇 해 동안 악령의 덫에 걸린 세균전쟁으로 나라가 혼돈의 시대를 벗어나지 못하고 있다는 병폐를 한 편의 간결한 시로 서술하고 있다.

지구촌 안과 밖
세균 전쟁으로 멈추어진 시간

어김없이 찾아오는 인생 여정지에서
만물의 영장이었던 기상
점점 더 나락으로 무너지고

지천으로 피고 지는 꽃들의 진통보다
더 혹독한 적과의 번뇌

봄이 오는 이맘때쯤
산에 들에 메아리치는
시절 좋은 계절

코로나 너를 잊고
싶은 맘 가득하다

—「바이러스」 전문

한때는 호 시절을 보냈던 평화로운 때를 맞이하는 계절을 맞이했지만 코로나 여파는 행복한 시간을 가만두지 않았다는 일침을 건네주는 시편이다 . 누구나 겪는 일이지만 피할 수 없는 시점임을 절절이 통감하는 시인의 마음을 잘 읽을 수 있다. 지구촌 안과 밖/ 세균 전쟁으로 멈추어진 시간/ 지천으로 피고 지는 꽃들의 진통보다/ 더 혹독한 적과의 번뇌/ 코로나 너를 잊고 싶은 맘 간절하다. 로 마침표를 찍는 시인의 시구가 짠하게 느껴진다. 3부 주제 시편「바람과 구름」을 만나본다

황혼 무렵 바람과 구름
밀려드는 시간
뼛속까지 송글송글 땀방울
흥건히 적신다

바람과 구름 서로 밀당하듯
달빛은 어두운 세상 밝게 비추고
새아침 맞이한다

맑게 개인 파란 하늘
담장 너머 익어가는 탐스런 석류알
보석 머금은 듯 달달새콤
알알이 터진다

시원하고 상쾌한 마파람 속
너와나 그리움의 길목에 들려오는

사랑의 세레나데

—「바람과 구름」 전문

지상에서 가장 아름다운 선물은 사랑이라는 단어다. 손영채 시인의 화자들은 대부분 어느 것 하나 흠잡을 데 없이 가시 돋친 언어는 찾아볼 수 없고 온통 질화로 같은 훈훈한 인간미가 남다르다. 시인의 지적 자산은 무궁무진한 언어의 보물창고가 준비되어 있다. 청량제 같은 시를 통하여 구원의 손길이 되고 혜안을 넓히고 지혜를 축적해 가는 자연인의 때 묻지 않은 정서가 너무 좋다. 시인이라는 웨딩마치를 올리는 그 순간부터 해맑고 천진난만한 소년으로 되돌아가는 시의 주인공이 되었다. 사람은 이름을 남기고 짐승은 가죽을 남기고 시인은 작품을 남기지 않는가. 손영채 시인의 이 한 권의 시집 『황매산 연가』는 인간세상보다 자연의 실체를 더욱더 해부하는 시적화자를 끝까지 연결하고 있으니 말이다. 문학은 인간이 살아가는 길을 열어주는 안내자 역할을 한다. 진귀하고 아름답고 순박한 언어로 삶에 지친 사람들에게 꿈과 이상 희망과 용기를 부어주는 훌륭한 길잡이다. 문학의 힘을 그는 익히 잘 알고 있으며 본인 스스로 감성문의 촉수를 높이고 있다는 증거가 다분히 묻어난다. 그의 시편들은 사이다 맛이기도 하면서 시원한 감로수 같고 때로는 무심의 세월을 능가하는 도(道)의 길로 접어드는 수행자 같은 모습도 엿볼 수 있으니 아마도 시의 정상에 도달하면 달관의 경지까지 차오르는 것이 아닐까 싶다. 그냥 읽으면 평상심의 마음이지만 좀 더 깊이 들어가면 초심부터 흔들리지 않고 숙원 하는 시의 행선지에 갈무리한다.

다음 작품은 사모곡의 일부인 「어머니 묘소」를 소개한다.

금성산 중턱 즈음
고요히 잠든 울 어머니
꾀꼬리 지저귀고
산꿩 노니는 숲 속 사이
푸드덕 푸드덕 달아난다

양지바른 터전
산수유 벚꽃 싹 틀 때면
저 멀리 들려오는 예불 소리
서글프게 파고드는 사모의 정

둥근달 온 세상 비추니
하늘길 떠나가신 울 어머니
아직 기별조차 없구나

어머니 품속 다시 그리워
밤이면 밤마다 봇물 터지듯
울음 삼키는 불효자는
목메어 운다

—「어머니 묘소」 전문

부모님의 깊고 넓고 끝없이 주는 사랑은 누가 막을 수 있으리오. 손영채 시인의 사모곡은 눈시울을 적시는 애환의 글이다. 시인의 어머니 사랑은 남다르고 더욱더 애틋한 심경이 묻어나 있다. 고향산천에 부모님을 묻고 나이가 들수록 새록새록 되살아나는 그 정 못 잊어 날마다 얼마나 가슴 저린 인고의 시간을 적시고 있을까 하는 시의 전문이다. 백운고비(白雲孤飛) 하늘의 구름을 쳐다보며 그 구름아래 계실 부모를 그리워하고 풍수지감(風樹之感) 효도를 다하지 못하였는데 어버이가 돌아가시어 효도를 하고 싶어도 할 수 없는 슬픔을 억누르는 시인의 마음이 고스란히 표면에 드러나는 작품이다. 살아생전 효자였음에도 한탄하는 자식의 마음이 못내 서럽게 전파된다. 어른이 된 후에도 울 어머니 하고 불러보는 시의 언저리에 묘소의 산꿩이 넘나들고 꾀꼬리가 노래하는 반어법을 쓰고 있어 더욱더 슬픔을 가미시킨다. 제4부로 들어가는 문은「잠 못 드는 밤」에서부터 시작된다.

끝없이 펼쳐지는
불면의 밤

인간의 숙명은 어디쯤인가
긴 터널 속
닿을 수 없는 미로 따라
헤엄쳐 다닌다

이리 뒤척 저리 뒤척
기우는 밤 있기에
함박웃음 짓는 아침
문밖에 기다리고 있으니

내사
시 쓰는 일 하나로

새벽 종소리 같은 여운
사방으로 울리리라

—「잠 못 드는 밤」 전문

손영채 시인의 『황매산 연가』를 탐닉하는 동안 푹푹 찌는 열대야도 능가할 만큼 시 속에 푹 젖어버려서 시인의 영혼을 넘나드는 내공까지 총동원한다. 위의 시는 잠이 오지 않는 밤에 뒤척이는 화자의 생각을 시로 잘 표현한 작품이다. 본질적으로 인간에게는 사람에게 중독되어가는 만물의 영장이 아닌가. 시인은 매우 섬세한 감성의 소유자다. 잠 못 드는 밤의 요인은 한 가지 생각이 다른 기억을 소환하고 한 가지 걱정은 또 다른 걱정을 생산하는 법이다. 그 생각이라는 물체는 육신을 헤집고 다니며 인체의 전자파를 모조리 자극시키는 열쇠를 가지고 있지 않을까. 시인의 시를 읽고 보니 색다른 화자들이 불면의 진리를 만든다. 시인의 화두가 시가 되고 시인의 잠 못 드는 밤에 쓰는 시가 명작이 되었다.

이리 뒤척 저리 뒤척/ 기우는 밤 있기에/ 함박웃음 짓는 아침/ 문밖에 기다리고 있으니/ 내사/ 시 쓰는 일 하나로/ 새벽 종소리 같은 여운/ 사방으로 울리리라. 시란 무에서 유를 창조하는 멋진 창조주라 생각한다. 늘 생산적인 언어로 시인의 영혼을 자극하는 멋진 아이디어 창출의 일등공신이다. 손영채 시인의 시와 함께 동행하는 독자들은 편안한 마음으로 무거운 짐 모두 내려놓은 채 탑승해도 무관할 정도로 비움의 미학 즉 내려놓음의 해법을 터득할 것이다. 다음 장에는「홍매화」꽃밭으로 달려가 본다.

고즈넉한 어느 봄날
남쪽나라 꽃동산
내 사랑 그대 같은
홍매화 장관이로다

가슴 깊이 간직한
잊을 수 없는 여인
영혼까지 삼켜버린 사랑이었소

그리움으로 타는 가슴
와사등 아래 묻어두고
하얀 밤 지새웠소

이 마음 하늘이 알까
사막을 헤매는 나그네처럼
방황하는 나를 보았소

흔들리며 흩어지는
잡을 수 없는 인연의 끈
애간장 태우는 비련의 밤

진정한 사랑은
무쇠 같은 사내도 녹여버리는
무서운 힘 세월이 흐른 후에야
나는 깨달았구려

—「홍매화」 전문

손영채 시인의 가슴을 파고드는 매화 같은 여인은 시의 주인공이다. 상상력을 총동원하여 시심을 이끌어내는 활활 타는 홍매화를 변신시키는 카멜레온 같은 사랑의 앤솔로지는 가히 불을 끌 수 없다. 요즘에는 이런 사무치는 그리움에 애간장 녹이는 사랑이 있을까 하는 의구심마저 들 정도로 시인의 순정은 애달프고 아름답다. 누구나 한번쯤 사랑은 필요한 묘약이니만큼 그의 사랑의 온도는 대담성과 안타까움 그리고 이루어질 수 없는 아픔까지 시편마다 매화를 개체로 삼아 현실을 초월한 시의 화자를 잘 전달해주고 있다.

이 마음 하늘이 알까/ 사막을 헤매는 나그네처럼 / 방황하는 나를 보았소/ 흔들리며 흩어지는/ 잡을 수 없는 인연의 끈/ 애간장 태우는 비련의 밤/ 진정한 사랑은/ 무쇠 같은 사내도 녹여버리는/ 무서운 힘/ 세월이 흐른 후에야/ 나는 깨달았구려. 더 이상 구태의연한 글조차 필요 없이 서술된 언어의 연금술이 뜨겁다. 시인이 노래하는 『황매산 연가』는 참으로 신화적인 시나리오를 탄생시킨 연모의 정이라 하겠다.

다시 시인의 사모곡으로 회귀하는 「어머니」 시편이다.

오월의 황매산 길
철쭉꽃 향기
어머니 품속 같아
귓가에 맴도는
어머니 다정한 목소리

어머니에 대한 그리움

텅 빈 가슴 채울 수 없어
눈물 가득 고이네

부드러운 단팥빵
달달한 캔 커피 들고
금성산 아래 어머니 계신 곳
내 마음 달려간다

그리운 어머니
울 어머니
사무친 그 이름이여

—「어머니」 전문

어머니는 천 번 만 번 불러 봐도 그 자리는 누구도 메울 수 없다. 시인은 분명 효심이 지극하고 사랑도 많이 받았던 흔적들이 깊고 깊다. 이 시의 형태는 그리움의 연서이면서도 휴머니즘적 효에 대한 생가슴 앓는 무언의 화두가 깊다. 어머니를 통한 시인의 여린 감성을 잘 표현하고 있으며 품속 다정한 목소리 단팥빵 좋아하는 모습까지 놓치지 않고 표현하는 삶의 한 부분이 참다운 인간적 가치와 시인의 인간다운 품성을 노래함으로써 현대사에 대한 효 사상의 단면을 짚어주는 시편이다. 평이한 문장을 서술하면서도 화자 자신이 꺼내보는 어머니 사랑은 시를 통하여 모든 독자들에게도 공감대를 형성하는 자유형태의 서정시라 말한다. 그의 일상 속에서 진주를 캐내듯 어머니 향한 지극한 사랑은 너무도 곱고 아름답다.

6. 시의 바로미터(barometer)는 손영채 시인의 자화상

시란 자고로 영혼을 우려내는 심미안적 마음읽기가 중요한 모티브(motive) 즉 창작동기로 연결하는 장치 역할을 한다. 리듬 감각이나 대조 반복, 간결미와 압축미가 조화롭게 어우러진 마음의 양식을 저장하는 시인의 보물창고가 바로 시인의 시적화자가 아닌가 한다. 『황매산 연가』는 보통 시집의 형태보다 꾸밈없이 수식어나 미사여구는 걷어내고 자기만의 뚜렷한 목소리로 풀어가는 형태가 매우 신비롭고 단아하다. 어떤 문학 작품세계든지 본인만의 카타르시스(catharsis)를 체험하고 경험하는 교훈을 얻을 수 있다. 하여, 문학은 인생의 제반문제를 깨달음과 명상의 구도를 누구보다 편하고 쉽게 적응하고 있다는 점이 특별한 시인이다. 즉 아일랜드 시인이자 극작가인 윌리암 버틀러 예이츠(william butler yates)의 초월적 존재감과 영적 교류를 시도함으로 시공을 넘어서는 상징세계를 구축하려는 점과 보수적이면서도 낙천적인 손영채 시인의 문학관과 가치관은 문예부흥운동의 신호음이 아닐까한다. 소박한 삶속에서 고향을 그리워하며 숨길 수 없는 치유 공간이 바로 영적구원의 길이기 때문이다. 예이츠 시편 이니스프리로 떠나고 싶다는 소망으로 시작된다.

나는 이제 일어나 이제 가리라/ 이니스프리로 가리라/ 거기 흙과 윗가지로 조그마한 오두막 짓고/ 아홉이랑 콩을 심고 꿀벌 통은 하나/ 숲 가운데 빈터에 벌 잉잉거리는 곳/ 나 홀로 게서 살리라/ 예이츠가 자연과 조화롭게 살기 위하여 이니스프리 고향에 대한 애향심을 건드리고 있는 시편이다. 손영채 시인이 노래하는 자연 예찬시 역시 영적 삶을 빼놓을 수 없다. 문학의 정의란 선뜻 단언을 내리기 어렵다. 일정한 질서와 조화 속에서 융합시킴으로 언어라는 아름다운 단어가 창출하는 것이다. 시인의 시집이 독자와 혼연일치가 되어 그것을 이해하고 공감하는 부분들이 합일치 될 때 비로소 작품의 종합적인 이해도와 감상의 기본 틀에서 행복한 시간여행을 하게 된다는 뜻이다. 손영채 시인의 시를 가까이에서 접근하고 이해하기 위해서는 의식 속에 내재된 모든 경험과 지식의 총체인 스키마(schema)를 생각할 때 그의 시적 배경의 출발이 얼마나 담백 솔직 순수한지를 감지하게 된다.

「들판」이라는 시의 주제로 들어가 보자.

가을 하늘 아래
뭉게구름 줄지어 살랄라
천고마비의 계절
황금들판은 온통 풍년이다

솔바람 사이로
시름 잠기는 나그네
서로 마주보며 입맞춤하니
농부의 넉넉한 인심
태평성대로구나

들판에 익어가는 알곡들
다랑이 길 따라 영글고
코스모스 들국화 어서 오라 반겨주는
고향집 저녁연기

오늘따라 추억의 그림자
다시 되살아난다

—「들판」 전문

가을 하늘 아래/ 뭉게구름 줄지어 살랄라/ 천고마비의 계절/ 황금들판은 온통 풍년이다... 오늘따라 추억의 그림자/ 다시 되살아난다.

대목마다 가을빛이 찬란한 시편이다. 그의 시는 분석하고 파헤칠 연유도 없이 쉽게 접근하고 어렵게 빠져나오는 듯한 마력이 있다. 시는 무엇보다 상상을 초월한 언어의 소산이다. 상상이란 사물을 있는 그대로가 아니라 또 다른 테마 즉 이념 속에서 여러 가지 감성을 되살려 반복하는 무한대의 형상과 힘의 합으로 탄생시킨 최고의 장인이자 능력이다. 시에서는 흔히들 심상(image)의 기본 진리는 인간의 가장 적절한 감성적 체험을 통한다. 결국 문학에서 심상은 시적인상과 영상이라는 도구를 사용하는 매개체 역할을 하고 있다. 손영채 시인은 5부에서도 기암괴석, 화석정, 광안대교, 수타사, 정월 대보름달 등 확연히 색다른 느낌으로 진실과 능력을 결부시킨 영원이라는 존재의식을 자연 시로 연가를 부르는 형태라 하겠다.

다음은 「단발머리 소녀」라는 시의 화자로 접근해 본다.

청초하고 고운 그 소녀
터질 듯한 속마음 들킬세라
고백할까 말까 진종일 서성인다

등하교 길에 만났던
반짝이는 소녀 까만 눈동자
두근두근 지나쳐버린 첫사랑 그녀
아~ 철부지 순정 사랑인가

중년의 세월 흘러가도
영원히 잊지 못할 장밋빛 연정
목메이게 불러보는
내 안의 사랑, 사랑아

—「단발머리 소녀」 전문

단발머리를 연상하는 아련한 첫사랑의 핑크빛 꽃물 드는 시가 아닌가. 손영채 시인은 '자연이 나를 부르네' 5부에서도 역시 비켜갈 수 없는 시의 전령사가 화두로 종지부를 찍는다. 그만의 자연과 그리움을 연결하는 유일한 돌파구 자연과 그리움의 매신저(messenger)는 무엇일까를 고안해 보고자 한다. 여리고 섬세한 시의 구도에서 감성 포착을 쉽게 찾아 낼 수 있다. 시인의 순수한 내면세계에서 소명(召命)으로 노래한 시가 바로 『황매산 연가』의 모토다. 문학 작품 중에서도 시는 개개인의 주관적 감정을 언어로 표출하는 서정과 낭만의 길로 접어든다. 손영채 시인의 희로애락(喜怒哀樂)의 연장선에서 항상 등장하는 주제는 자연과 어버이 그리고 그리움의 실체이다 보통 사람들의 애환들과 판이하게 다른 점들이 수도자 혹은 구도자의 모습도 부각되는 점이다. 자연으로부터 회귀, 휴머니티의 독보적인 존재임을 스스로 자칭하고 있는지도 모른다. 손영채 시인의 사랑론은 때 묻지 않고 서연한 고독이 묻어있다. 마음을 비우고 내려놓을 줄 아는 천생 시인의 길을 유유히 걸어가고 있다. 감성 또한 예리하고 섬세하여 가히 쉽게 접근하기 힘든 면모들이 역력하게 나타난다. 어쩌면 그가 생각하는 '단발머리 소녀'는 우리 모두의 추억을 소환시키고자 피력하는 도구일지도 모른다. 허상의 소녀 아니면 실존의 그녀가 시의 한켠에 웅크리고 있을까 하고 생각의 화자가 떠오른다. 아무튼 손영채 시인의 봉숭아꽃 같은 순정의 바다가 오래도록 100세까지 유지되기를 간절하게 소망해 본다. 여전히 수식어처럼 회자되는「직지사 차 한 잔」「고석정」등에서 창작열은 여전히 지칠 줄 모르는 마그마처럼 활활 끝없이 타오른다. 다음 작품으로「자연이 나를 부르네」작품을 만나본다.

> 올올이 묶어버린 인간 세상
> 육신의 혼불 사루고
> 삼라만상 절곡 넘나드는
> 신비로운 우주의 진리
>
> 더 이상 번민은 묻어두고
> 영혼을 조각하는 글을 벗 삼아
> 하늘이 내려주신 선물
> 자연의 섭리에 순응하고 그리 살라하네
>
> 이승의 마지막 그날까지
> 비우고 내려놓고 무심으로 살라하네
>
> —「자연이 나를 부르네」전문

더 이상 번민은 묻어두고/ 영혼을 조각하는 글을 벗 삼아/ 하늘이 내려주신 선물/ 자연의 섭리에 순응하고 그리 살라하네/ 이승의 마지막 그날까지/ 비우고 내려 놓고/ 무심으로 살라하네. 초연한 묵상의 서(書) 같은 시편이다. 굳이 무슨 말이 더 필요할까마는 시인의 불심이 풍경소리처럼 고요한 정적을 깬다. 인생의 길이란 시작과 끝이 현존하는 인간세상의 축소판이다. 육신, 우주의 진리, 번민, 비우고, 내려놓고, 무심으로 살라한다는 시구가 늘 새롭고 창의로운 자각(自覺)을 동시에 반추시킨다. 시인의 꾸밈없는 순수와 정의롭고 다채로운 심상(心象)의 이면에는 그 무엇이 다시 그를 하염없이 기다리고 있을까 하는 생각이 뇌를 떠나지 않는다. 마지막 5부의 종결점을 찌르는 작품이다.

그리움이 타는 노을
안개 속에 머물고
눈빛과 가슴 사이

차디찬 겨울 삭풍과
비바람에도 흔들리지 않고
험준령 가시밭길 헤쳐 나가던 당신

사랑했으므로 존재하고
긴 세월 둘이 함께
손에 손 잡고 행여 멀어질세라
모진 세월 넘고 넘어
여기까지 왔다

내 인생의 마지막 사랑
세월이 흐르고 흘러도
멈추지 않는 강물처럼
묵묵히 내 곁에 선 고마운 사랑

우리 서로 영원으로 가는 인생길
천년만년 살고지고 세세연년 사랑하리

—「당신과 나」 전문

그리움이 타는 노을/ 안개 속에 머물고/ 눈빛과 가슴 사이... 사랑했으므로 존재하고/ 긴 세월 둘이 함께/ 손에 손 잡고 행여 멀어질세라/ 모진 세월 넘고 넘어/ 여기까지 왔다//

그의 시집에서 대단원을 내리는 시편이다. 다소 과묵하고 장대한 작품집이 한 번도 눈길을 뗄 수 없을 정도로 파노라마 같은 여정들에서 봇짐을 풀어놓은 듯 현기증을 일으킬 뻔했다. 손영채 시인의 시집 전부를 숙독하면서 시와 사람 그리고 자연 삼매경에 빠져서 몇 날을 불면 속으로 하얗게 모든 것들을 백지화시켜 버리듯 황매산의 유혹에 푹 젖었기에 갈무리 해설을 매끄럽게 하고 있는지도 모를 일이다. 손영채 시인의 시편에서 이미 그만의 독특한 묵시록 같은 자화상을 뼛속까지 해부했다. 고해도 과언이 아닐 정도로 시인의 시세계는 난해하지 않으면서도 서서히 휘감아 도는 소용돌이처럼 공자의 인생삼락(人生三樂) 학이시습지(學而時習之)면 불역열호(不亦說乎)아– 배우고 때로 익히면, 또한 기쁘지 아니한가. 2락 유붕(有朋)이 자원방래(自遠方來)하면 불역낙호 (不亦

樂乎)아- 벗이 있어 멀리서 찾아오면 또한 기쁘지 아니한가. 3락 인부지이불온(人不知而不慍)아- 남이 나를 알아주지 아니하여도 노여워하지 아니하면 또한 군자가 아니던가? 하는 공자의 인생삼락이 아닌 손영채 시인의 인생예찬 즉 인생삼락을 이 한 권의 책 속에서 얻었다고 해도 과언이 아님을 거듭 당부하고 싶다. 그만큼 세속에 찌들어가는 현 시대 속에서 시인다운 풍류가인(風流家人)을 만났으니 이 또한 하늘이 점지해준 월간 『문학세계』의 참 시인으로 탄생한 것이 아닌가 한다. 손영채 시인의 무궁무지한 시세계를 기대하면서 독자들에게 청량 감로수 같은 이 시집을 적극 추천하고 싶다.

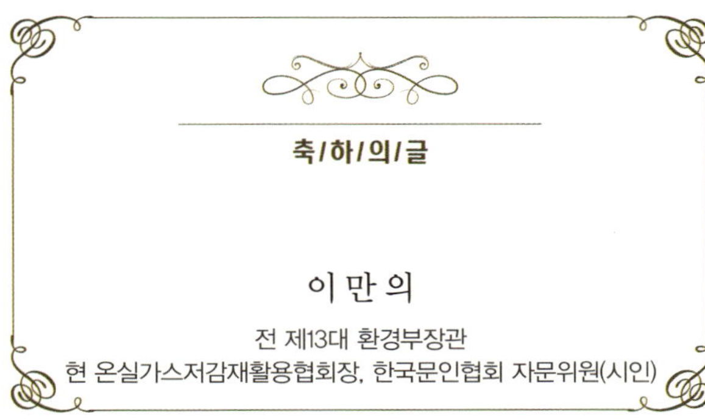

축/하/의/글

이만의

전 제13대 환경부장관
현 온실가스저감재활용협회장, 한국문인협회 자문위원(시인)

황산 손영채 박사의 시집 『황매산 연가』 출간을 충심으로 축하, 또 축하드립니다. 얼마 전에 월간 『문학세계』의 신인문학상을 받으시면서 한국 시단에 당당히 등단하신 경사에 이어 멋진 시집을 바로 내놓으시는 역량에 경의를 표합니다. 청소년 시절부터 문학 활동을 하셨지만, 그동안 기업경영과 사회활동 쪽에서 지도력을 발휘하시다가, 농익은 삶을 압축하여 향기 넘치는 시들로 묶어 세상에 푸시는 것으로 이해됩니다.

자연환경을 보호하고 지키는 활동에 남다른 관심과 열정을 보이신 분이기에, 시의 소재가 고향의 산하로부터 전국의 강산과 지구적 차원을 아우르고 있음이 더욱 돋보입니다. '황매산'으로 용해된 고향의 아름다운 기억들은 어쩌면 온 국민의 공감 어린 '너와 나의 노래'이므로, 많은 분들이 '황매산 연가'를 함께 부르게 되길 기대합니다. 손 시인님은 참으로 매력적인 능력자이십니다. 다방면으로 뛰어난 재질과 잠재능력을 발휘하시는 데 대하여 찬탄하지 않을 수 없습니다.

문학은 예술 부문 중 가장 창조적인 활동이며, 특히 시는 절제의 미를 극대화하는 장르로서, 이 『황매산 연가』에 담기고 스며있는 깊은 맛을 두루 공유하면 좋겠다 싶습니다. 기후 변화 시대를 맞아 자연의 몸짓이 크게 달라지는 걸로 보아, 손 시인께서 계속 자연과 많은 대화를 나누시고, 자연스럽게 새로운 작품도 풍성하게 일궈 가시길 소망합니다.

거듭 축하와 경의를 드립니다.

축/하/의/글

문희주

전 서울보건대학교 총장 및 을지대학교 부총장
현 부천대학교 이사장

손영채 시인은 월간『문학세계』신인문학상에 당선되어 화려하게 등단하기 전까지는 도시공학을 전공한 성공한 기업인, 환경파괴로 지구가 황폐화 되어가는 현실을 걱정하고 안타깝게 생각하면서 자연환경보전을 위해 헌신적으로 노력하고 있는 '환경보전활동의 선각자'로 많은 사람들의 신뢰와 칭송을 받고 있는 고향 후배 정도로만 알고 있었다.

그런데 그가 신인문학상 시 부문에 당선되었고 그가 쓴 시들을 감상하면서 어느 날 갑자기 시인이 되어 혜성처럼 나타난 것이 아니라 고등학교 때부터 문학에 대한 소질을 인정받아 문예반장으로 활동하면서 문학에 대한 꿈을 키웠고, 공학을 전공하면서도 그 꿈을 버리지 못하고 틈틈이 시를 쓰고 그 속에서 풍부한 상상력으로 삶의 지혜를 찾아내었으며 문학에 대한 창작열을 불태운 훌륭한 작가라는 것을 알게 되었다.

시는 자기만의 언어로 누구나 함께 공유할 수 있는 공간을 만들어내는 것이므로 같은 내용의 시라도 감상하는 사람에 따라 의미를 달리할 수가 있을 것이다. 손 작가가 쓴 시는 주로 고향을 무대로 체험담을 주제로 했기 때문에 이 시를 읽고 있으면 흙먼지를 뽀얗게 뒤집어 쓴 시골버스가 포장 안 된 꼬불꼬불한 신작로 길을 뒤뚱뒤뚱 달려가는 모습이 연상된다. 고향의 어린 시절이 주마등처럼 스치고 지나가서 내가 시를 읽고 있는 것이 아니라 그 속에서 뛰어놀고 있는 착각을 할 정도로 감성이 풍부하게 표현되었기에 몇 번을 읽어도 지루할 수가 없었다. 또한 시 속에 나타난 지역들은 대부분 작가와 함께했던 지역이거나 자연환경을 주제로 한 표현이 많아서 더욱 쉽게 공감할 수가 있었다.

이 시는 손영채 작가가 사업가로 성공하기 위해, 또는 많은 사회단체 리더로 책임을 다하기 위해 어렵고 힘들었던 순간들을 위로하는 통로가 되었고 힘이 되었으며 힐링의 기회가 되었을 것이다.

그리고 이 시집이 복잡한 현대사회를 살아가는 우리들에게 빛과 소금이 되어 영혼을 살찌우고 바쁜 일상생활로 인해 지나쳐 버린 소중한 것들을 반추하면서 새로운 마음을 가지고 한 번쯤 삶을 되돌아보는 계기가 되길 바라면서 손영채 작가의 시집 『황매산 연가』의 출간을 다시 한번 축하합니다.

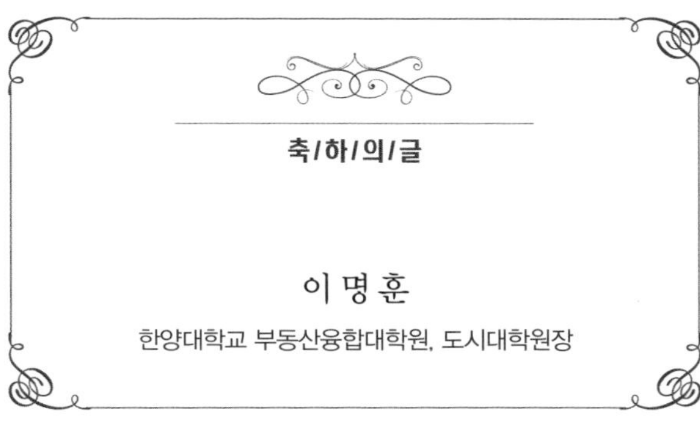

축/하/의/글

이명훈

한양대학교 부동산융합대학원, 도시대학원장

얼마 전 황산 손영채가 필자를 찾아왔다. 시집을 발간한다고 했다. 글을 써 달라며 가제본된 시집을 남기고 갔다. 고등학교 국어 시간 이후 시를 접해 본 적 없는 필자한테 황산이 남긴 말은 날벼락이나 다름없었다. 석사와 박사학위 논문 지도교수인 필자에게 시집 발간에 즈음한 글을 써달라니, 답답하기 그지없었다.

우선 시란 무엇인지부터 찾아보았다. 많은 평론가와 시인들이 이런저런 말을 했다. 문외한인 필자에겐 어려움 그 자체였다.

세상에서 가장 어리석은 일은 시를 정의하는 일이다(네루다), 시는 나다(정일근), 최고의 연가(강은교), 가슴에 뭔가 이리도 넘쳐서(김규동), 내 뼈 안에서 울리는 내재율(신달자), 나라고 생각해 본 적 없는 나의 출몰(김행숙), 숟가락으로 단지가리기(김언희), 가시면류관(나태주), 건강과 같다(문정희), 사진 찍어 잡지에 한 번 발표해보기(박남

철), 시는 허기진 사람에게만 약동한다(박형준), 시의 즐거움은 어디에서 오나(김기택), 산행과 같은 것(이성부), 돌 틈을 파고드는 나무 쐐기처럼(채호기), 시는 내 삶의 단독정부(천양희), 시를 쓰므로 나는 있다(허영자) 등등.

이 많은 것 중에 황산의 생각과 맞아 떨어지는 정의가 존재할까? 『황매산 연가』는 시 쓰기를 본업으로 하지 않는 황산의 첫 번째 시집이니, 사진 찍어 잡지에 한 번 발표해 본다는 마음으로 시집을 낸 것일까? 아니면 최고의 연가를 부른 것일까? 어느 쪽인지는 독자가 판단할 몫으로 남겨 둔다.

황산은 뫼 천년 물 천년에 터 잡은 수려한 고장 합천 태생이다. 서쪽의 황매산은 뫼 천년을 대표하고 물 천년은 동쪽의 낙동강을 일컫는다. 황매산은 산 색깔이 황색을 띠고 있으며 산 지형이 매화락 지형이라 하여 붙여진 이름이다. 매화는 인가(人家) 부근이나 정원에서 제일 먼저 새봄과 더불어 희망을 전해주는 깨끗하고 품위 있는 꽃이다.

황산은 첫 번째 시 「황매산」에서 알록달록 붉은빛 형형색색 철쭉을 노래하고 있지만, 뒤에 나오는 시 「홍매화」에서는 황산이 절절히 그리던 연인을 만개한 홍매화에 비유하고 있다. 꽃잎 하나하나가 타들어갈 때마다 무쇠 같은 사내 마음은 녹아내린다고 했다.

시집 『황매산 연가』는 이렇게 세상에 나왔다. 시집에는 113편의 주옥같은 시들로 차있다. 황산의 고향 마을뿐만 아니라 전국을 노래하고 있다. 설악산 봉정암에서 지리산 천왕봉까지, 북한강에서 경포대까지 동서남북으로 전국을 음유(吟遊)하였다. 이 중 3편(어머니, 낙엽 인생, 별 1)은 월간 『문학세계』 335권의 신인 당선작으로 선정되었다.

황산은 당선소감에서 시와의 만남은 잘한 일이며 최고의 행복이라고 했다. 봄꽃은 화려하다지만 여름꽃은 수수하다고 했다. 자연에 순응하며 수수하게 꽃피워 풍류가인으로 살고 싶다고 했다. 황산은 환갑 나이까지 메마른 공학도로 살아온 자리에 황매산 매화의 희망을 실어 세상을 노래하고 싶어한다. 「별 1」에서 황산이 그려 냈듯이, 초롱처럼 걸려 있는 별빛을 좇아 두 손 모아 기도하는 작은 아이가 곧 황산이기를 바란다.

축/하/의/글

윤학배

전 12대 해양수산부 차관
현 국립 한국해양대학교 석좌교수

'시인 손영채'는 나에게 낯설다.

난 그를 12년 전 한양대학교 도시대학원 박사과정 동료로 처음 만났다.

그의 첫인상은 시골집을 꿋꿋하게 지키는 맘씨 좋은 종갓집 맏아들 같았고, 인간미가 넘치는 훈훈한 사람으로 느꼈다.

그는 내가 마무리하지 못한 박사학위를 끝끝내 받은 열정의 도시공학 박사 손영채로, 나는 그를 좋아하고 존경한다.

이제 그가 시를 쓰고 등단을 하고 시집을 낸다. '시와 손영채'라는 조합은 나에게 참으로 놀라움을 넘어 경이로움의 다른 말이다.

그런데 그의 시를 읽어보고 깜짝 놀랐다. 그의 마음에는 언제나 고향이 있고 산이 있고 들판이 있고 또 바다가 있었다. 아니 꽃과 사랑이 있었다. 그가 학창시절부터 문예반 활동을 하고 어릴 적부터 문학에 관심이 있었던 것은 아주 작은 동기에 불과

할 것이다. 어릴 적에 그만한 추억이 있는 사람이 어디 한둘이랴! 그가 매일매일 시간을 쪼개 쓰는 기업의 대표라는 자리에 있으면서 이와 같은 시를 쓴다는 것은 참으로 더 대단하다. 우리가 무엇인가 생각하는 것을 말로 하는 것이 얼마나 어려운 일인지, 더욱이 이를 글로 남긴다는 것은 얼마나 지난한 산고의 과정인지! 그것도 시로 남긴다니….

그가 취득한 박사학위는 매우 소중하다. 그런데 학문에 있어 박사학위란 학문의 완성이 절대 아니고 이제야 독립해서 학문을 연구하고 스스로 공부할 수 있는 자격을 준 것에 불과하다고 한다. 마찬가지로 월간 『문학세계』를 통해 시인으로 문단에 등단한 것은 시인 손영채가 이제 첫발을 뗀 것이라 생각한다. 그러나 그의 이 첫 발은 아주 넓고 커다란 첫 디딤이 될 것이다. 시단에 그의 그림자가 크게 드리워지기를 바란다.

이제 나는 기업의 대표 손영채, 도시공학 박사 손영채에 앞서 시인 손영채라 부르고자 한다. 그의 시는 바다를 닮아 있다. 바다가 보여주는 서정과 바다에 내재된 낮음과 포용이 들어 있다. 그는 월간 『문학세계』 등단 소감에서 "낮은 곳에서 조용히 걷고 정진하여 가치 있는 삶을 살기 위해…"라고 말하고 있는데, 시인 손영채의 마음에 흐르고 있는 바다의 속성을 잘 보여 주고 있다.

또 그의 시는 그의 나이와 추억에 맞게 고향과 어머니로 향한다. 우리 모두의 고향과 어머니에게로 가는 것처럼…. 그가 앞으로 내놓을 또 다른 따듯한 시가 기다려지는 까닭이다.

갑자기 그의 고향 황매산이 있는 경남 합천에 가고 싶어진다. 그의 시 '고향의 사계절'에 나오는 황매산의 여름 모습을 보고 싶다. 아니 사계절의 황매산에 철마다 가보고 싶다. 오늘 황매산은 얼마나 푸르며 또 화려할지, 황매산의 그 '풍뎅이'가 얼마나 높이 날아오르는지 보고 싶다. 그의 시처럼!

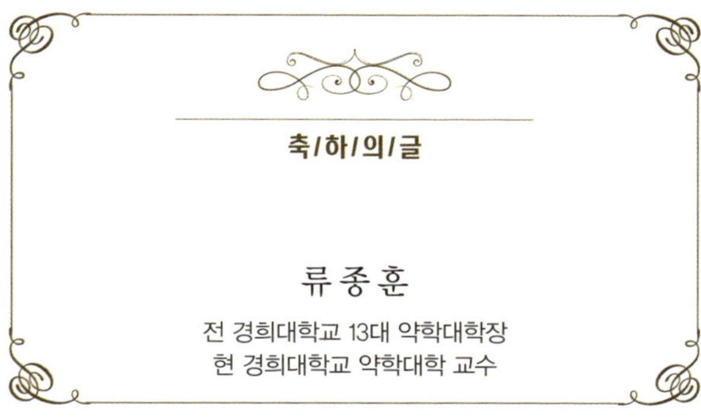

축/하/의/글

류종훈

전 경희대학교 13대 약학대학장
현 경희대학교 약학대학 교수

시인 손영채 박사는 나와 고등학교 동창이다. 고등학교 시절 문예반 근처에도 가 보지 못했지만, 그는 문예반에서 문학(文學)에 관심을 가지고 틈틈이 글을 쓰고 있었다. 그런데 그는 현재 도시공학 박사이며, 환경활동가(NGO)로 기업의 대표이자 시인(詩人)이다.

문득 든 생각.

문과든 이과든 모두 글쓰기가 기본이고 글쓰기는 독서와 통찰(通察)에 의해서만 이루어질 수 있다. 특히 시(詩)가 그렇다고 본다. 독서와 천문(天文)의 관찰과 인문(人文)의 관찰을 통해 아름다운 세상을 이루고 싶은 시인의 마음(주역(周易)의 산화비괘(山火賁卦)에서)! 이것이 바로 시인 손영채가 꿈꾸는 세상이다.

한강의 발원지 검룡소(劍龍沼)에서 보았던 한민족의 생명수는 어느덧 두물머리를 거쳐 한강으로 흐르니 시인 손영채는 이미 구도의 수도승이 되어 있다. 시인 손영채는 설악부터 황매산까지 그 아름다움을 무릉도원에 비유하면서 우리 인생도 무릉도원이었음 좋겠다고 한다. 이 얼마나 아름다운 세상에 대한 간절함인가?

세상과는 동떨어져 사는 것 같은 시인 손영채는 기별 없는 아버지와 어머니에 대한 사랑을 밤마다 터지는 울음 삼키는 불효자로 그리고 있지만, 부모로부터의 재능을 시로써 아름다운 세상을 가꾸는 그는 이미 자식 된 도리를 다하고 있다.

『황매산 연가』를 읽고 있으면, 사방이 열려있는 깊은 산속 어디쯤 고요히 앉아 있는 느낌이 든다. 내가, 초롱처럼 걸려있는 별을 보면서.

황매산은 시인을 길러냈지만, 시인은 다시 황매산으로 정진(精進)한다, 「황매산 연가」를 안고.

시인 손영채 박사의 축하 글을 쓰고 나니 나도 기백산으로 가고 싶다.

『황매산 연가』 출간을 축하합니다.

손영채 서예 작품

思無邪 黃山

思無邪
(35cm×64cm)

- 생각이 사악함이 없다.
- 공자왈 삼백편의 시를 한마디로 표현해 이야기한다면 思無邪라 한다.

德日新 黃山

德日新
(27cm×60cm)

- 덕을 날마다 새롭게

詩禮傳家 壬寅夏日 黃山

詩禮傳家
(50cm×64cm)

- 시와 예를 집안대대로 전한다.

문학세계대표작가선 977
황매산 연가

손영채 시집

인쇄 1판 1쇄 2022년 9월 21일
발행 1판 1쇄 2022년 9월 29일

지 은 이 : 손영채
펴 낸 이 : 김천우
펴 낸 곳 : 도서출판 천우
등   록 : 1992. 2. 15. 제1-1307호
주   소 : 서울시 성동구 무학봉28길 6 금용빌딩 2F
전   화 : 02)2298-7661
팩   스 : 02)2298-7665
http://blog.naver.com/cw7661
E-mail : chunwo@hanmail.net

값 18,000원

ISBN 978-89-7954-879-2